中等职业教育课程改革教材

汽车底盘电控系统构造与维修

总 主 编　刘玉祥　杨福军
本书主编　高洪彬　刘永田　崔春胜

山东城市出版传媒集团·济南出版社

图书在版编目（CIP）数据

汽车底盘电控系统构造与维修 / 刘玉祥，杨福军主编. —济南：济南出版社，2019.2
ISBN 978-7-5488-3604-9

Ⅰ. ①汽… Ⅱ. ①刘… ②杨… Ⅲ. ①汽车—底盘—电气控制系统—构造—中等专业学校—教材 ②汽车—底盘—电气控制系统—车辆修理—中等专业学校—教材Ⅳ. ①U463.603 ②U472.41

中国版本图书馆CIP数据核字（2019）第040546号

出 版 人	崔　刚
责任编辑	冀瑞雪　冀春雨
外　　编	冀春鑫
审　　读	李惠东
封面设计	胡大伟
版式设计	谭　正
出版发行	济南出版社
地　　址	山东省济南市二环南路1号（250002）
编辑热线	0531—86131747（编辑室）
发行热线	86131747　82709072　86131729　86131728（发行部）
印　　刷	山东联立文化发展有限公司
版　　次	2019年3月第1版
印　　次	2019年3月第1次印刷
成品尺寸	185 mm×260 mm　16开
印　　张	6.5
字　　数	100千
印　　数	1—5000册
定　　价	25.00元

（济南版图书，如有印装错误，请与出版社联系调换。联系电话：0531-86131736）

编委会

总 主 编 刘玉祥　杨福军
本书主编 高洪彬　刘永田　崔春胜
本书参编 韩卫国　刘振涛
丛书编委（以姓氏笔画为序）

于守良	王长勇	王永智	王旭生	王京光
王　青	刘玉祥	刘永田	刘志鹏	刘振涛
李　康	李庆云	李志秀	李建忠	李春会
李　婧	李精明	李静雅	李璐瑶	杨　静
杨福军	宋在旺	张　磊	张友涛	张学友
张金熙	张珍珍	张新坤	张慧杰	陈　雪
单恩强	赵　凤	赵晓丽	赵营伟	胡　萍
胡晓丹	袁琳琳	徐荣娟	高洪彬	唐胜楠
崔春胜	崔保丽	常成磊	韩卫国	程鹏飞
戴红彬	魏　楫			

汉唐书局

序

近年来，从中央到地方，再到各级各类职业院校，都将课程改革视为职业教育内涵式发展的抓手。无论是职业教育国家专业教学标准的开发，还是山东省实施的一系列职业教育质量提升计划，其实质都是希望能够借助课程这一中介撬动区域职业教育的全面改革。课程问题牵一发而动全身，它不仅是行政部门管理职业教育办学质量的重要媒介，也是地方与学校进行资源配置与质量考核的参考依据，更是教师与学生组织教学活动不可或缺的手段。基于对课程重要性的认识，全国各高校与职业院校也都投入大量资源，开展职业教育课程理论与课程开发技术研究，力求能够探索出一套理论性强、贴近我国职业教育办学实际、且行之有效的课程开发技术。

"职业教育项目课程"是华东师范大学徐国庆教授倾注十余年心血所打造的职业教育课程开发技术，该技术立足于社会职业和工作世界的根本性变革，基于联系论、结构论、综合论、结果论的理论框架，吸收了美国、德国等职业教育先进国家课程开发的宝贵经验，并结合了我国职业教育课程开发的已有成果。该技术的优势在于紧紧抓住当前我国职业教育课程开发与实施过程中出现的根本问题与典型问题，通过"专业教学标准—课程标准—教学设计—任务操作单—学生工作页"的系统设计，为职业教育课程开发提供了一套科学成熟的解决方案。这一方案突破了过去职业教育课程开发"方向不清""操作性不强""成果不显著"的问题，已在包括"寿光职业教育中心学校"在内的诸多职业院校中广泛使用，成效显著。

寿光职教中心编写的这套项目课程教材与案例，是学校老师在以徐国庆教授领衔的团队的指导下，用三年时间打磨完成的。三年间，徐国庆教授及团队成员多次前往学校开展现场教学、理论讲座和专题研讨。刘玉祥校长及学校管理团队高度重视这项学校内涵建设的重要工程，在制度建设、资源分配等方面给予了诸多倾斜，可以说，没有学校领导的重视，就不会有这套教材的出版。但是，这套教材的最大功臣与受益者应该是寿光职教中心的老师和学生，这套项目课程教材与案例就是近三年教师学习与实践成果的精华。三年课程建设中，学校的每位老师都参与到了课程建设内容丰富、形式多样的活动当中，他们在现场聆听与提问，并亲自动手编写专业教学标准、课程标准、教学设计、任务单等课程材料，然后将它们应用于教学过程中，并不断地验证、修改和完善。在这个过程中，不仅老师的课程开发能力与教学水平得到提升，学生也受益于课程体系与教学模式的改革，在职业能力与综合素质上有了更为突出的表现。

从这套教材中，我们可以领略项目课程在系统设计和实施过程中的独特性、灵活性、科学性与本土性，领略到寿光职教中心的教师在课程开发与实施过程中的实践智慧与创造能力，领略到寿光职教中心作为全国示范性职业学校的改革活力与丰硕成果。

职业教育项目课程开发是一个长期的过程，希望这套课程建设成果能够在今后的实践当中不断完善，更好地服务于区域技术技能人才的培养。

李　政[①]

于美国匹兹堡大学

2018年6月30日

[①] 李政博士是华东师范大学徐国庆职业教育项目课程团队的核心成员，全程参与了寿光市职业教育中心学校的课程建设。

内容简介

本课程是通过对岗位职业能力分析，提炼出的面向工作过程的模块化工作任务。课程突出任务的完整性，并根据学生认知规律和职业发展规律，由易到难，由简到繁，从工作任务、技能要求、知识要求与项目质量标准四个维度对课程内容进行规划和设计。本课程旨在推动教师能够按照项目教学法、任务驱动法、情景教学法组织教学。全书共有4个工作项目，每个工作项目由2~4个任务组成。全书包括电子控制悬架系统、电子控制转向助力系统、自动变速器系统、电子控制制动系统故障自诊断，以及各零部件的拆装、检查、修理等内容。课程内容的设计旨在让学生了解汽车底盘的基本构造，掌握基本的维修方法，提高学生的职业素养，为后续汽车机电维修与保养技师岗位的上岗实习和就业打好基础。

汉唐书局

目 录

项目一　电子控制悬架系统检查与修理 1

　　任务一　检修车身高度传感器............................1

　　任务二　检修车身高度控制阀............................7

项目二　电子控制转向助力系统检查与修理 13

　　任务一　诊断仪KT600读取故障码和数据流................13

　　任务二　对电控转向助力系统进行基本设定................19

项目三　自动变速器系统常见故障检查与修理 25

　　任务一　检查发动机怠速及自动变速器油质情况............25

　　任务二　自动变速器电气元件检查与修理..................33

　　任务三　自动变速器机械元件检查与调整..................46

　　任务四　自动变速器液压元件检查与修理..................54

项目四　电子控制制动系统的检查与修理 63

  任务一　ABS系统检查与修理 63

  任务二　ASR系统检查与修理 71

  任务三　ESP系统检查与修理 75

  任务四　EPB系统检查与修理 82

《汽车底盘电控系统构造与维修》课程标准 87

项目整体教学设计 93

项目一　电子控制悬架系统检查与修理

> **项目描述**
>
> 悬架是车架（或车身）与车桥（车轮）之间一切传力装置的总称。电子控制悬架系统是以电子控制子任务为控制核心，对汽车悬架参数，如弹簧刚度、减震器阻尼系数、倾斜刚度和车身高度等进行实时控制，从而提高汽车的舒适性和稳定性。
>
> 现有一辆奔驰S500轿车，其仪表盘上的电控空气悬架系统故障指示灯突然亮起，且空气悬架系统突然失效。客户要求快速查明故障原因并排除故障。

任务一　检修车身高度传感器

一、教学设计

（一）任务描述

220底盘车系空气悬架系统共配置3个车身高度传感器，左前、右前以及后部各一个。车身高度传感器负责检测前轴和后轴处的车身水平高度，将测量值直接传送到空气悬架控制模块。

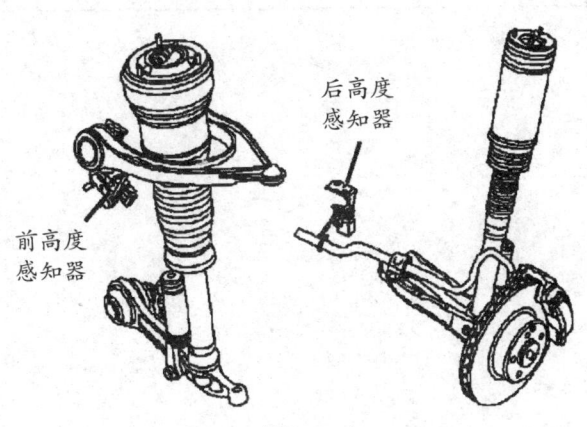

图1-1-1

1. 任务实施步骤记录表

序号	工作步骤
1	
2	
3	
4	

2. 检测部件B22/8的实际值

检测前提条件	检测过程	标准值	测量实际值	测量值是否正常

3. 检测部件B22/8的供电电压

检测过程	检测值	标准值	是否正常

4. 检测部件B22/8的信号电压

检测的前提条件：

检测过程	检测值	标准值	是否正常

5. 记录故障原因

故障产生的原因为：

（二）教学目标

1. 能说出电子控制悬架系统各元件的功能。
2. 能说出电子控制悬架系统各元件的工作过程。

（三）教学资源

奔驰S500轿车　诊断仪KT600　汽车维修通用工具　万用表

（四）教学组织

30人小班化教学。课前分小组，每组6人，集体讨论确定组长。组长带领组员确定小组成员的任务分工。每组一台故障车辆进行上岗实操。

教师通过PPT多媒体教学课件展现课程任务，并全程负责监督指导。学生根据课程任务进行小组讨论，以"做中学"的方式，完成学生工作页的填写。

操作员与其他成员互换角色，每人完成一次操作。最后小组讨论总结，组长汇报本组任务的完成情况和感受。

（五）教学过程

	项目教学过程	学生学的活动	教师教的活动
阶段一 任务引入	任务描述	预习电控悬架系统高度传感器的基本知识，能通过测量高度传感器供电电压、信号电压来判定故障原因，并排除故障	强调车身高度传感器的功能，并说明如何判断故障原因
	知识准备	说出万用表测电压及电阻的方法	复述万用表测量方法，强调万用表使用注意事项
	任务定位	听教师讲解，观看教师示范，明确任务实施目标及注意事项	展示PPT，说明车身高度传感器安装位置及电压测量方法
阶段二 项目实施	步骤1 预习并制定计划	听完教师讲解后，小组内讨论确定任务实施方案及组长、成员分工情况	展示PPT，简要说明测量步骤及注意事项。了解各小组的讨论情况，解答小组讨论中出现的问题。对各小组讨论的任务实施方案及分工给予指导

续表

项目教学过程		学生学的活动	教师教的活动
	步骤2 测量B22/8传感器 并完成表格填写	分组测量部件B22/8车身高度传感器的供电电压，记录测量值，根据维修手册确定是否正常	巡视小组任务实施情况，适时中断学生活动，讲解车身高度传感器工作原理。强调任务实施过程中存在的问题
	步骤3 查询维修手册	分组测量部件B22/8车身高度传感器的信号电压，记录测量值，根据维修手册确定是否正常	巡视小组任务实施情况，适时中断学生活动，强调任务实施过程中存在的问题
阶段三 项目总结	展示与总体评价	各组长汇报小组测量结果并说明产生故障原因	点评各组长的汇报情况
	学习小结	积极汇报任务完成后的心得感受	组织同学主动汇报任务完成后的心得感受

（六）技能评价

序号	技能	评判结果	
		是	否
1	能准确找到车身高度传感器测量点		
2	能根据车辆维修手册判定测量结果正常与否		
3	能根据测量结果判断故障原因		

二、任务操作单

项目操作单

工作任务：检查车身高度传感器

安全及其他注意事项：按规定穿实训服，进入实训场地务必集中精神，不准说笑、打闹！正确使用拆装及测量工具，并注意妥善保管！对螺栓、螺母必须按规定预紧力、顺序和方法进行紧固！车辆启动前必须认真检查各部件是否安装正确，保证不

续 表

步骤	操作方法与说明	质量	备注
能有短路现象！			
一、确定车身高度传感器的安装位置	A. 220底盘车系空气悬架系统共配置3个车身高度传感器，左前、右前以及后部各一个 B. 具体位置在减震旁边，安装在车架上的传感器壳体上	拔下插接器，找到红白黄黑四条电线	C-M C-M
二、测量水平传感器供电电压	A. 汽车专用万用表，打到直流电压20V挡 B. 万用表红表笔接传感器红线，黑表笔接传感器黑线，读取测量值	完成工作页中供电电压测量记录表	C-D C-D
三、测量水平传感器输出信号电压	A. 万用表打到直流电压20V挡，测量水平传感器黄线与黑线间电压 B. 读取测量值，并填写工作页 C. 相同方法测量黄线与黑线间直流电压并记录	完成工作页中供电电压测量记录表	P-M P-E P-E
四、判断故障原因	将测量值与理论值进行比较，确定故障原因	确定故障原因，完成工作页	P-E
五、整理工作现场	A. 万用表关机，放至规定地方 B. 检查车身高度传感器插头是否牢固	实训现场恢复原样	C-M C-E

三、学生工作页

学生工作页

1. 任务实施步骤记录表

序号	工作步骤
1	
2	
3	

2. 检测部件B22/8的实际值

检测前提条件	检测过程	测量实际值	标准值	测量值是否正常

3. 检测部件B22/8的供电电压

检测过程	检测值	标准值	是否正常

4. 检测部件B22/8的信号电压

检测的前提条件：

检测过程	检测值	标准值	是否正常

5. 记录故障原因

故障产生的原因为：

任务二　检修车身高度控制阀

一、教学设计

（一）子任务描述

水平高度控制阀安装在右前翼子板里的空气悬架系统压缩机单元上。它是水平高度控制、水平调节和悬架控制的中央执行控制模块，负责向弹簧支柱和中央储压罐提供压缩气。要求检测水平高度控制阀单元Y36/6y的供电电压、激活信号、内阻，并找出故障原因。

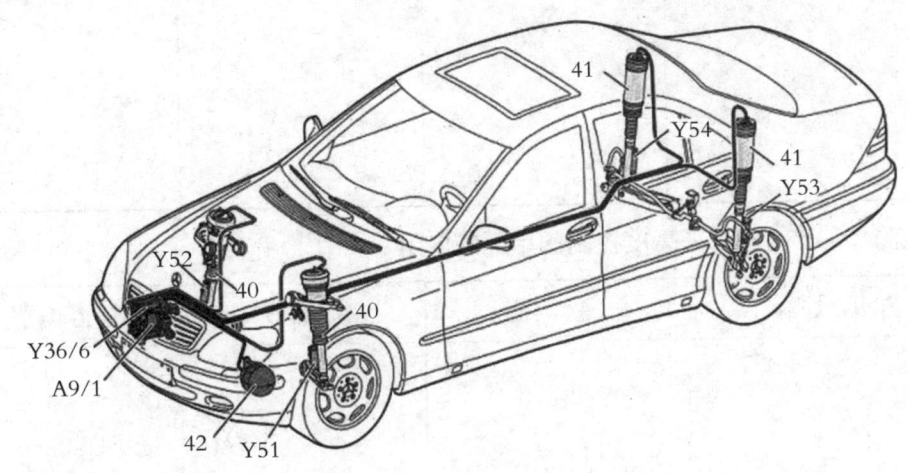

图1-2-1　气压元件位置图

40.前避震　　　　A9/1.空气泵　　　　Y52.右前减震阀

41.后避震　　　　Y36/6.水平控制阀　　Y53.左后减震阀

42.AIRmatic储气罐　Y51.左前减震阀　　Y54.右后减震阀

1. 任务实施步骤记录表

序号	工作步骤
1	
2	
3	

2. 检测部件Y36/6y水平高度控制阀单元的供电电压

检测过程	检测值	标准值	是否正常

3. 检测部件Y36/6y水平高度控制阀单元的激活信号

检测过程	检测值	标准值	是否正常

4. 检测部件Y36/6y水平高度控制阀单元的内阻

检测过程	检测值	标准值	是否正常

5. 记录故障原因

故障产生的原因为：

（二）教学目标

1. 能对电控空气悬架系统进行自诊断和电气诊断，并读取故障码。
2. 能通过检测来判定电控空气悬架系统的故障原因。

（三）教学资源

奔驰S500轿车　　诊断仪KT600　　汽车维修通用工具　　万用表

（四）教学组织

30人小班化教学。课前分好小组，每组6人，集体讨论确定组长。组长带领组员确定小组成员的任务分工。每组一台故障车辆进行上岗实操。

教师通过PPT多媒体教学课件展现课程任务，并全程负责监督指导。学生根据课程任务进行小组讨论，以"做中学"的方式，完成学生工作页的填写。

操作员与其他成员互换角色，每人完成一次操作。最后小组讨论总结，组长汇报本组任务的完成情况和感受。

（五）教学过程

项目教学过程		学生学的活动	教师教的活动
阶段一 任务引入	任务描述	预习电控悬架系统水平高度控制阀功能，通过测量水平高度控制阀供电电压、激活信号、内阻来判定故障原因	讲解水平高度控制阀功能，说明如何判断故障原因
	知识准备	复述万用表测电压及电阻的方法	讲解万用表测量电压及电阻的方法，并强调万用表使用注意事项
	任务定位	听教师讲解，观看教师示范。明确车身水平高度控制阀安装位置及测量点，根据教师提示分析故障原因	展示PPT，说明车身水平高度控制阀安装位置及测量点，根据测量值引导学生一起分析故障原因
阶段二 项目实施	步骤1 小组分工 决策	观看PPT后，听教师讲解。小组内讨论确定任务实施方案及组长、成员分工情况	展示PPT，简要说明测量步骤及注意问题。了解各小组的讨论情况，解答小组讨论中出现的问题。对各小组讨论的任务实施方案及分工给予指导

续表

项目教学过程		学生学的活动	教师教的活动
	步骤2 测量供电电压	分组测量部件Y36/6y车身水平高度控制阀的供电电压，记录测量值，根据维修手册确定是否正常	了解小组任务实施情况，适时中断学生活动，讲解水平高度控制阀结构。强调任务实施过程中存在的问题
	步骤3 测量激活信号	分组测量部件Y36/6y车身水平高度控制阀激活信号，记录测量值，根据维修手册确定是否正常	了解小组任务实施情况，适时中断学生活动，讲解产生激活信号后水平高度控制阀控制车身升高或降低的动作过程。强调任务实施过程中存在的问题
	步骤4 测量内阻，确定故障	分组测量部件Y36/6y车身水平高度控制阀内阻，记录测量值，根据维修手册确定是否正常。根据以上测量判断并记录故障原因	了解小组任务实施情况，适时中断学生活动，强调内阻测量必须断开电气连接及任务实施过程中存在问题和操作规范
阶段三 项目总结	展示与总体评价	各组长汇报小组测量结果并说明故障产生的原因	点评各组长的汇报情况
	学习小结	积极汇报任务完成后的心得感受	组织同学主动汇报任务完成后的心得感受

（六）技能评价

序号	技能	评判结果	
		是	否
1	能准确找到水平高度控制阀的测量点		
2	能根据车辆维修手册判定测量值正常与否		
3	能根据测量值判断故障原因		

二、任务操作单

项目操作单

工作任务：检测车身高度控制阀

安全及其他注意事项：按规定穿实训服，进入实训场地务必集中精神，不准说笑、打闹！正确使用拆装及测量工具，并注意妥善保管！对螺栓、螺母必须按规定预紧力、顺序和方法进行紧固！车辆启动前必须认真检查各部件是否安装正确！

步骤	操作方法与说明	质量	备注
一、找到电控空气悬架系统中水平高度控制阀单元	水平高度控制阀单元安装在右前翼子板里的空气悬挂系统压缩机单元上	找到具体位置并拔下导线插接器	P-M
二、测量Y36/6Y的供电电压	万用表20V直流电压挡测量红黑线与白黑线间电压	电压应在11~14V	P-D
三、连接诊断仪KT600	利用诊断仪激活功能对车辆水平高度进行自动校准	空气悬架控制系统自动控制压缩机工作，悬挂充气，达到正常悬挂高度	P-D
四、检查水平高度控制阀内阻	万用表R10挡测量红白线与白黑线间电阻	正常阻值应在6~10Ω	P-D

三、学生工作页

学生工作页

1. 任务实施步骤记录表

序号	工作步骤
1	
2	
3	

2. 检测部件Y36/6y水平高度控制阀单元的供电电压

检测过程	检测值	标准值	是否正常

3. 检测部件Y36/6y水平高度控制阀单元的激活信号

检测过程	检测值	标准值	是否正常

4. 检测部件Y36/6y水平高度控制阀单元的内阻

检测过程	检测值	标准值	是否正常

5. 记录故障原因

故障产生的原因为：

项目二　电子控制转向助力系统检查与修理

项目描述

带助力的转向系统操纵灵活、轻便，能吸收路面对前轮的冲击，因而被广泛使用。但传统转向助力系统的助力放大倍数不能根据车速自动调整，导致车辆在高速或低速行驶时不能很好地进行方向控制，而电子控制的转向助力系统可以随行驶条件及时调整助力放大倍数且不需发动机直接驱动，从而提高了车辆的动力性能。电控转向助力系统可分为电动液压转向助力系统和电动式转向助力系统。

现有一辆上海大众POLO轿车仪表盘上的转向助力系统故障指示灯突然亮起，于是客户将车开到4S店要求对车辆转向系统进行全面检修。

任务一　诊断仪KT600读取故障码和数据流

一、教学设计

（一）任务描述

电控液压转向助力系统的自诊断功能与系统的电控部分有关，车辆运行中控制单元监控并识别出故障，然后将故障记录在存储器中。当启动发动机，转向助力指示灯亮起时，说明转向助力控制系统内部可能有故障，维修人员可以使用诊断仪KT600读取故障码。

图2-1-1　故障指示灯

1. 任务实施步骤记录表

序号	工作步骤
1	
2	
3	

2. 查阅故障码内容，将故障信息及实施过程填入项目表中

车型			
控制单元版本号			
有无故障码	有□ / 无□		
故障码编号	故障内容	故障码编号	故障内容

（二）教学目标

1. 能使用诊断仪KT600对电控转向助力系统进行自诊断和电气诊断，并读取故障码。

2. 能通过检测来判定电控转向助力系统的故障内容。

（三）教学资源

上海大众POLO轿车　诊断仪KT600　汽车维修通用工具　万用表

（四）教学组织

30人小班化教学。课前分小组，每组6人，集体讨论确定组长。组长带领组员确定小组成员的任务分工。每组一台故障车辆进行上岗实操。

教师通过PPT多媒体教学课件展现课程任务，并全程负责监督指导。学生根据课程任务进行小组讨论，以"做中学"的方式，完成学生工作页的填写。

操作员与其他成员互换角色，每人完成一次操作。小组讨论总结，组长汇报本组任务的完成情况和感受。

（五）教学过程

项目教学过程		学生学的活动	教师教的活动
阶段一 任务引入	任务描述	预习电控转向助力系统工作过程和原理，能使用诊断仪KT600读取故障码并查明故障原因	强调诊断仪KT600的使用方法、注意事项及维修手册查询方法
	知识准备	复述转向助力系统的组成、分类及工作过程	讲述转向助力系统的组成、分类及工作过程
	任务定位	听教师讲解，观看教师示范，掌握诊断仪KT600的使用方法	展示诊断仪KT600使用方法
阶段二 项目实施	步骤1 确定任务实施方案	听完教师讲解后，小组内讨论确定任务实施方案及组长、成员分工情况	展示PPT，简要说明测量步骤及注意问题。了解各小组讨论情况，解答小组讨论中出现的问题。对各小组讨论的任务实施方案及分工给予指导
	步骤2 检测故障码	分组对故障车辆进行检测，并记录故障码	了解小组任务实施情况，适时中断学生活动，讲解检测方法
	步骤3 查询维修手册，确定故障内容	分组查询维修手册，查明故障内容	了解小组任务实施情况，适时中断学生活动，讲解维修手册查询办法。强调任务实施过程中存在的问题
	步骤4 讨论确定故障原因	根据转向助力系统工作过程分析故障产生原因，并上台展示	了解小组任务实施情况，解答学生疑问
阶段三 项目总结	展示与总体评价	各组长汇报小组测量结果并说明产生故障的原因	点评各组长汇报情况
	学习小结	积极汇报任务完成后的心得感受	组织同学主动汇报任务完成后的心得感受

（六）技能评价

序号	技能	评判结果	
		是	否
1	能准确选择检测车辆型号及年份		
2	能规范使用诊断仪KT600检测故障码		
3	能根据故障码正确找到故障内容		

二、任务操作单

项目操作单一

工作任务：诊断仪KT600读取转向系统故障车辆的故障码和数据流

安全及其他注意事项：按规定穿实训服，进入实训场地务必集中精神，不准说笑、打闹！正确使用拆装及测量工具，并注意妥善保管！每次车辆启动前必须确保挡位处于空挡位置，手刹已拉紧！放好防滑块，防止车辆溜车！

	如果	以及	那么		备注
			类型判定	处理	
1	故障码为：P0550	故障码为：P0554	动力转向油压传感器损坏或线路失效	1.更换传感器 2.检修传感器线路	P-D
2	故障码为：P0551	故障码为：P0552或P0553	传感器电压不正确	1.检查汽车蓄电池电压以及交流发电机电压 2.检测电路是否短路或断路以及线路搭铁点是否良好	P-E
3	故障码为：P0498	—	动力转向压力开关信号不良	1.检测传感器故障 2.检测线路故障	P-M

项目操作单二

工作任务： 检查转向助力系统

安全及其他注意事项： 按规定穿实训服，进入实训场地务必集中精神，不准说笑、打闹！正确使用拆装及测量工具，并注意妥善保管！对螺栓、螺母必须按规定预紧力、顺序和方法进行紧固！使用各个量具时都要轻拿轻放，用后清洁。

步骤	操作方法与说明	质量	备注
一、检查转向油泵压力	1. 压力表安装到压力管中 2. 启动发动机 3. 快速关闭截止阀（时间不超出5min），并读取压力数	检查全面并记录	P-M
二、检查系统压力	当发动机怠速工作时，打开压力表节流阀，使转向盘向左或向右旋转到极限位置，同时读出压力值	成功完成各项操作及表格记录	P-M
三、检查动力转向油位	启动车辆，快速地左右打方向盘，使液压油升温；发动机熄火，方向盘正中位置，将密封盖旋入到底再取出，读取液位	按步骤成功完成操作并记录	P-M

三、学生工作页

学生工作页一

1. 任务实施步骤记录表

序号	工作步骤
1	
2	

2. 查阅故障码内容,将故障信息及实施过程填入项目表中

车型			
控制单元版本号			
有无故障码	有□ / 无□		
故障码编号	故障内容	故障码编号	故障内容

学生工作页 二

1. 任务实施步骤记录表

序号	工作步骤
1	
2	
3	

2. 查阅故障码内容,将故障信息及实施过程填入项目表中

车型			
控制单元版本号			
有无故障码	有□ / 无□		
故障码编号	故障内容	故障码编号	故障内容

任务二　对电控转向助力系统进行基本设定

一、教学设计

（一）任务描述

在电控转向助力系统维修中，如果我们更换了转向角传感器G85、方向机总成、转向机总成，做了四轮定位调整，则要做转向零位设定。如果在做了转向零位调整设定后故障指示灯仍然亮，则需要做转向极限位置的设定。

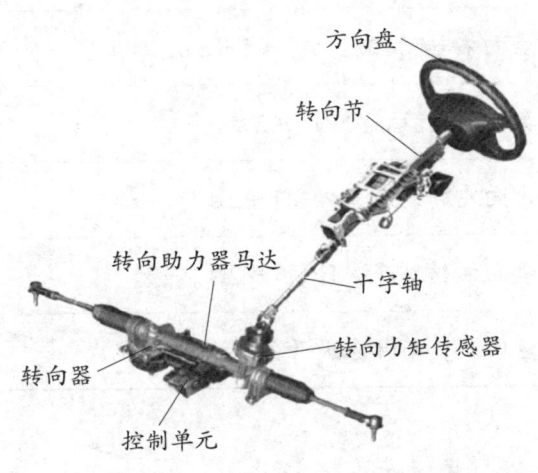

图2-2-1　电动式动力转向系统

任务实施步骤记录表

序号	转向零位设定实施步骤
1	前轮保持直线行驶状态，用VAS5051输入地址码44后，转向盘左转4～5度（一般在10度之内），回正转向盘
2	再向右转4～5度，将转向盘回正，双手离开转向盘
3	输入31875，按返回键；输入功能04—60，按激活键退出VAS5051，断开点火开关6 s后即可

序号	转向助力大小设定实施步骤
1	用VAS5051进入44—10—01
2	在VAS5051屏幕内的条形块上选择某个合适的助力数值（1～16挡），按保存键，然后再按接收键
3	此时屏幕会显示新设定助力大小的名称，按返回键退出即可

序号	转向极限位置设定实施步骤
1	将前轮保持在直线行驶状态，起动发动机，将转向盘向左转动10度左右，停顿1～2 s，回正
2	将转向盘向右转动10度，停顿1～2 s，回正
3	将双手离开转向盘，停顿1～2 s
4	将转向盘向左转到底，停顿1～2 s
5	将转向盘向右转到底，停顿1～2 s
6	将转向盘回正，断开点火开关6 s，设定完成

（二）教学目标

能用大众专用诊断仪VAS5051对电控转向助力系统进行基本设定

（三）教学资源

上海大众POLO轿车　　诊断仪VAS5051　　汽车维修通用工具　　万用表

（四）教学组织

30人小班化教学。实操前分好小组，每组6人，集体讨论确定组长。组长带领组员确定小组成员的任务分工。每组一台故障车辆进行上岗实操。

教师通过PPT多媒体教学课件展现课程任务，并全程负责监督指导。学生根据课程任务进行小组讨论，以"做中学"的方式，完成学生工作页的填写。

操作员与其他成员互换角色，每人完成一次操作。最后小组讨论总结，组长汇报本组任务的完成情况和感受。

（五）教学过程

项目教学过程		学生学的活动	教师教的活动
阶段一 任务引入	任务描述	预习电控转向助力系统基本设定的前提条件	讲解电控转向助力系统基本设定的前提条件
	知识准备	说出转向助力系统基本设定的方法	讲述转向助力系统基本设定的注意事项
	任务定位	观看教师示范，掌握转向助力系统基本设定步骤和注意事项	根据任务操作单对转向助力系统的设定进行示范，强调注意事项
阶段二 项目实施	步骤1 确定任务实施方案	听完教师讲解后，小组内讨论转向助力系统基本设定方法，确定任务实施方案及组长、成员分工情况	展示PPT，简要说明测量步骤及注意问题。了解各小组的讨论情况，解答小组讨论中出现的问题。对各小组的任务实施方案及分工给予指导
	步骤2 实施零位设定	分组对故障车辆转向助力系统进行零位设定	了解小组任务实施情况
	步骤3 检测是否仍存在故障码	转向助力系统零位设定完毕后，用诊断仪对设定情况进行检查故障是否排除	了解小组任务实施情况，适时中断学生活动，对学生遇到的共性问题进行讲解。强调任务实施过程中存在的问题
阶段三 项目总结	展示与总体评价	组长汇报各小组转向助力系统进行基本设定后是否还存在故障	点评并总结各小组任务实施情况
	学习小结	积极汇报任务完成后的心得感受	组织同学主动汇报任务完成后的心得感受

（六）技能评价

序号	技能	评判结果	
		是	否
1	能正确按照任务实施步骤对转向助力系统进行基本设定		

二、任务操作单

项目操作单

工作任务：对电控转向助力系统进行基本设定

安全及其他注意事项：按规定穿实训服，进入实训场地务必集中精神，不准说笑、打闹！正确使用拆装及测量工具，并注意妥善保管！每次车辆启动前必须确保挡位处于空挡位置，手刹已拉紧！放好防滑块，防止车辆溜车！

步骤	操作方法与说明	质量	备注
一、检查车辆并做好防护工作	A. 进入车辆，铺好座套、方向盘套、脚垫 B. 确定挡位为空挡，手刹已拉紧	防护完整，正常启动，不溜车	C-E C-E
二、设定转向系统零位	A. 前轮保持直线行驶状态，用VAS5051输入地址码44后，转向盘左转4～5度（一般在10度之内），回正转向盘 B. 再向右转4～5度，将转向盘回正，双手离开转向盘 C. 输入31875，按返回键；输入功能04—60，按激活键 D. 退出VAS5051，断开点火开关6s后即可	成功完成转向系统零位设定	P-E P-M P-M P-M
三、设定转向助力大小	A. 用VAS5051进入44—10—01 B. 在VAS5051屏幕内的条形块上选择某个合适的助力数值（1～16挡），按保存键，然后再按接收键	成功完成转向助力大小设定	P-E P-E

续表

步骤	操作方法与说明	质量	备注
	C. 屏幕会显示新设定助力大小的名称，再按返回键退出即可		P-E
四、设定转向极限位置	A. 将前轮保持在直线行驶状态，起动发动机，将转向盘向左转动10度左右，停顿1～2 s，回正	成功完成转向系统极限位置设定	P-E
	B. 将转向盘向右转动10度，停顿1～2 s，回正		P-E
	C. 双手离开转向盘，停顿1～2 s		P-E
	D. 将转向盘向左转到底，停顿1～2 s		P-E
	E. 将转向盘向右转到底，停顿1～2 s		P-E
	F. 将转向盘回正，断开点火开关6 s，设定完成		P-E

三、学生工作页

学生工作页

1. 任务实施步骤记录表

序号	转向零位设定的步骤
1	前轮保持直线行驶状态，用VAS5051输入地址码44后，转向盘左转4～5度（一般在10度之内），回正转向盘
2	再向右转4～5度，将转向盘回正，双手离开转向盘
3	输入31875，按返回键；输入功能04—60，按激活键 退出VAS5051，断开点火开关6 s后即可

序号	转向助力大小设定的步骤
1	用VAS5051进入44—10—01
2	在VAS5051屏幕内的条形块上选择某个合适的助力数值（1~16挡），按保存键，然后再按接收键
3	屏幕会显示新设定助力大小的名称，再按返回键，退出即可

序号	转向极限位置设定的步骤
1	将前轮保持在直线行驶状态，起动发动机，将转向盘向左转动10度左右，停顿1~2 s，回正
2	将转向盘向右转动10度，停顿1~2 s，回正
3	将双手离开转向盘，停顿1~2 s
4	将转向盘向左转到底，停顿1~2 s
5	将转向盘向右转到底，停顿1~2 s回正，断开点火开关6 s，完成

项目三　自动变速器系统常见故障检查与修理

● 项目描述 ●

自动变速器系统是汽车传动系统中主要的变速机构，它的作用有：改变传动比；自发动机旋转方向不变的前提下，利用倒挡使车辆倒退行驶；利用空挡中断动力传递，便于车辆启动、怠速、换挡和动力输出。自动变速器按照变速机构形式可分为：行星齿轮式、平行轴式、无级变速式。

现有一辆宝来自动挡轿车仪表盘上的挡位指示灯突然点亮，且起步困难，入挡冲击明显，使用一段时间后发现比以前更费油了。于是客户来厂进行维修。

任务一　检查发动机怠速及自动变速器油质情况

一、教学设计

（一）任务描述

自动变速器在正常地使用及维护下，损坏性故障较少，而多数故障的出现是由于变速器使用、调整、维护不当造成的。通常对自动变速器进行初步的检查和调整，即可排除故障。只有排除了因维护调整不当引起的故障，才能进一步检测和分析，而发动机怠速和自动变速器油质的检查就是其中最重要的步骤。

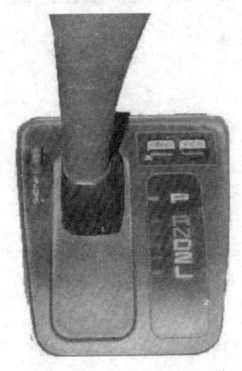

图3-1-1　选挡手柄

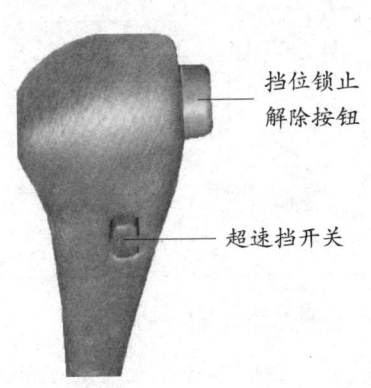

图3-1-2　开关作用

"P"挡：又称停车挡，自动变速器内的锁车爪固定锁车棘轮，将输出轴固定，此时车辆不能移动。

"R"挡：车辆倒车时使用该挡位。

"N"挡：又称空挡，可用于拖车或在行车时启动车。

"D"挡："D"位时，自动变速器可根据车速的变化在所有前进挡之间自由变化。

"3"挡：自动变速器可根据车速的变化在1、2、3挡之间自由变化。

"2"挡："2"位时，自动变速器可在"1"挡和"2"挡之间自由变换但无论发动机的转速有多高，变速器都不会升至"3"挡。

"L"挡：又称锁止一挡，具有引擎制动功能，此时变速器无论油门有多大，都不会升"2"挡。

1. 任务实施步骤记录表

序号	工作步骤
1	
2	
3	
4	

2. 怠速的检查、记录

车型		发动机型号	
挡位	P挡	N挡	
怠速值			

3. 自动变速器油质的检查、记录

油质检查	有无焦煳味	颜色	有无金属杂质	有无颗粒状杂质
自动变速器油	有□ 无□	白色□ 深红色□ 深褐色□ 黄色□	有□ 无□	有□ 无□

4. 自动变速器油液泄露检查

一般漏油处多为变速器外壳、油泵油封、输出轴油封、油底壳垫、散热器管及接头。检查方法：将自动变速器外壳擦干净，启动发动机热机后，将选挡杆置于D位运转一段时间，检查自动变速器油液的渗漏情况。

记录检查结果：

（二）教学目标

1. 能对自动变速器系统故障进行自诊断和电气检测。
2. 能正确检查发动机怠速和自动变速器油。

（三）教学资源

宝来自动挡轿车　诊断仪KT600　汽车维修通用工具　抹布　手电筒

（四）教学组织

30人小班化教学。实操前分小组，每组6人，集体讨论确定组长。组长带领组员确定小组成员的任务分工。每组一台故障车辆进行上岗实操。

教师通过PPT多媒体教学课件展现课程任务，并全程负责监督指导。学生根据课程任务进行小组讨论，以"做中学"的方式，完成学生工作页的填写。

操作员与其他成员互换角色，每人完成一次操作。最后小组讨论总结，组长汇报本组任务的完成情况和感受。

（五）教学过程

项目教学过程		学生学的活动	教师教的活动
阶段一 任务引入	任务描述	学习自动变速器各挡位的含义	使用PPT展示自动变速器挡位图片及各挡位含义。及时了解各组学习情况
	知识准备	说出自动变速器的分类及各挡位的含义	介绍自动变速的分类及各挡位含义
	任务定位	听教师讲解，观看教师示范。正确、规范地完成自动变速器的基本检查	展示PPT，说明自动变速器基本检查内容，示范变速器油质和泄露情况检查步骤

续 表

项目教学过程		学生学的活动	教师教的活动
阶段二 项目实施	步骤1 确定合理的任务实施方案	观看PPT后，听教师讲解。小组内讨论确定任务实施方案及组长、成员分工情况	展示PPT，简要说明测量步骤并重点强调注意事项。了解各小组的讨论情况，解答小组讨论中出现的问题。对各小组的任务实施方案及分工给予指导
	步骤2 测量，完成记录表填写	分组测量发动机怠速并完成结果记录表	了解各小组任务实施情况，适时中断学生活动，强调注意事项，并提醒学生注意安全
	步骤3 检查，完成任务记录表	检查自动变速器油质和泄露情况，并完成记录表	了解各小组任务实施情况
阶段三 项目总结	展示与总体评价	各组长汇报小组测量结果并说明结果是否在合理范围内	点评各小组任务实施情况，更正小组汇报中不合理的情况
	学习小结	积极汇报任务完成后的心得感受	组织同学主动汇报任务完成后的心得感受

（六）技能评价

序号	技能	评判结果	
		是	否
1	能正确检查发动机怠速		
2	能正确判断自动变速器油质和泄露情况		

二、任务操作单

项目操作单一

工作任务： 检查发动机怠速及自动变速器油质情况

安全及其他注意事项： 按规定穿实训服，进入实训场地务必集中精神，不准说笑、打闹！正确使用拆装及测量工具，并注意妥善保管！对螺栓、螺母必须按规定预紧力、顺序和方法进行紧固！车辆启动前必须认真检查各部件是否安装正确！

步骤	操作方法与说明	质量	备注
一、启动车辆	将车辆停放在水平路面上，换挡手柄放至P位或N位，拉紧手制动，发动机怠速运转至少一分钟	成功读取发动机怠速值，在750±50%kr/min	P-E
二、检查自动变速器油面高度	1. 踩住制动踏板，将选挡手柄由P挡拨至R挡、D挡、前进低挡（2、1或S、L）等位置，并在每个挡位停留几秒钟。最后将选挡手柄拨至O挡位置 2. 从加油管拔出自动变速器油尺，将油尺擦干净后全部插入加油管，拔出检查油尺上的油面高度 3. 继续运转发动机，检查自动变速器油底壳油管接头等处有无漏油	按步骤成功完成操作 1. 如果自动变速器处于凉车状态，油面高度应在油尺刻线下线附近 2. 如果自动变速器处于热车状态，油面高度应在油尺刻线上线附近	P-M
三、检查自动变速器油质	1. 从加油管拔出油尺，观察油尺上油液颜色 2. 用手指测试油液黏度 3. 闻一闻油液有无特殊气味	按步骤成功完成操作，记录油液颜色等（正常油液清澈，略带红色且无异味）	P-D

项目操作单二

工作任务： 检查蓄电池

安全及其他注意事项： 按规定穿实训服，进入实训场地务必集中精神，不准说笑、打闹！正确使用拆装及测量工具，并注意妥善保管！对螺栓、螺母必须按规定预紧力、顺序和方法进行紧固！车辆启动前必须认真检查各部件是否安装正确，保证不能有短路现象发生！

步骤	操作方法与说明	质量	备注
一、检查蓄电池外壳	检查外壳是否损坏，是否有电解液渗漏	检查全面，无遗漏	P-E
二、检查蓄电池正负极接线柱	查看蓄电池正负极接线柱是否锈蚀	观察仔细，保证检查正确	P-E
三、检查蓄电池端子导线	查看蓄电池端子导线与极桩之间连接是否松动	检查正确，确保无松动	P-E
四、测量蓄电池电压	用万用表测量蓄电池电压，查看蓄电池充电状况	规范操作（处于充电状态较好的读数应为12.4 V）	P-E
五、检查免维护型蓄电池	通过检查孔检查蓄电池的技术状况	根据检查情况准确判断蓄电池状况	P-E

三、学生工作页

学生工作页 一

1. 任务实施步骤记录表

序号	工作步骤
1	
2	
3	
4	

2. 怠速的检查、记录

车型		发动机型号	
挡位	P挡		N挡
怠速值			

3. 自动变速器油油质的检查、记录

油质检查	有无焦糊味	颜色	有无金属杂质	有无颗粒状杂质
自动变速器油	有□ 无□	白色□ 深红色□ 深褐色□ 黄色□	有□ 无□	有□ 无□

学生工作页 二

1. 任务实施步骤记录表

序号	工作步骤
1	
2	
3	
4	

2. 蓄电池外壳检查

蓄电池型号	
是否有漏液	有 □ 无 □
正负极接线柱是否锈蚀	有 □ 无 □
接线端子与极装是否松动	有 □ 无 □

3. 蓄电池电压测量

蓄电池型号	
电压测量值	

任务二　自动变速器电气元件检查与修理

一、教学设计

（一）任务描述

系统出现故障码与变速器锁挡现象，一般都是因为电控系统出现故障导致的，所以要明确电控系统组成，以便对故障原因进行查找与排除。电控系统由传感器、执行器与控制单元组成。传感器包括节气门位置传感器、发动机转速传感器、车速传感器、变速器转速传感器、油温传感器、多功能开关、制动开关与强制降挡开关等。执行器由各换挡电磁阀、主油压电磁阀以及变矩器锁止电磁阀组成。

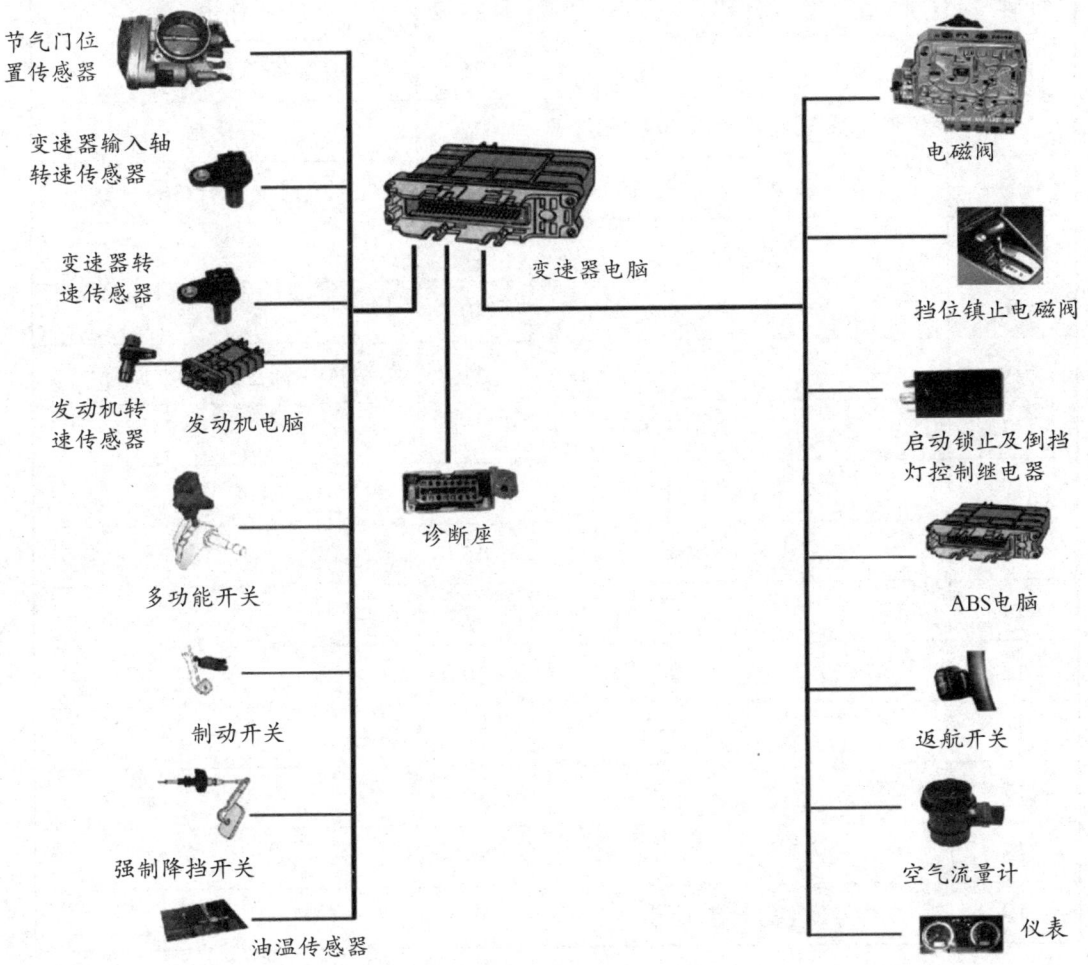

图3-2-1　自动变速器电控系统组成

1. 任务实施步骤记录表

序号	操作内容
1	
2	
3	
4	
5	
6	

2. 确定自动变速器控制单元各引脚作用

针脚号	作用	针脚号	作用
1		26	数据总线屏蔽线
3	数据总线低电压输入和输出信号	27	未使用
5	节气门电位计信号G69	28	节气门电位计G69地线
6		29	
9		40	
10		41	发动机控制电源来的负荷信号
11		43	
12	空调低挡信号	44	
13	点火正时控制	45	
14		47	
15		50	
16		54	
17		55	
18		56	
19	TD（转速）信号	57	

续 表

针脚号	作用	针脚号	作用
20		58	
21		62	
22		63	
23		65	
24	自诊断K线	66	
25	数据总线高电位输入和输出信号	67	

3. 检查车速传感器G68

车速传感器的作用主要有二：一是与节气门电位计（G69）一起确定换挡曲线；二是感知变矩器锁止离合器的滑差。对于装有自动定速巡航装置的车辆，它还用于速度调节。

车速传感器电脑端针脚记录表					
检测内容	安装位置	检查条件	量程设置	检查方法	检查结果	处理意见
车速传感器G68						

检查控制单元与传感器之间的导线			
检查项目		是否导通	处理意见
电脑针脚号	传感器针脚号	是□ 否□	
电脑针脚号	传感器针脚号	是□ 否□	

检查传感器本身电阻			
检查项目	使用工具	检查结果	处理意见
传感器电阻			

4. 检查变速器转速传感器G38

输入轴转速传感器安装在行星齿轮机构输入轴（液力变矩器涡轮输出轴）附近或与输入轴连接的离合器鼓附近的壳体上，用于检测输入轴转速，并将信号送入电脑，便于更精确地控制换挡过程。

变速器转速传感器电脑端针脚记录表					
检测内容	安装位置	检查条件	量程设置	检查方法	检查结果	处理意见
变速器转速传感器G38						

检查控制单元与传感器之间的导线			
检查项目		是否导通	处理意见
电脑针脚号	传感器针脚号	是□ 否□	
电脑针脚号	传感器针脚号	是□ 否□	

检查传感器本身电阻			
检查项目	使用工具	检查结果	处理意见
传感器电阻			

5. 检查油温传感器G93

油温传感器位于变速器内或滑阀箱附近，滑阀箱上的传输线上，用于感应变速器内的机油温度，作为电脑进行换挡控制、油压控制、锁止离合器控制的依据。它是一个负温度系数电阻，随着温度的升高，阻值降低。

油温传感器电脑端针脚记录表					
检测内容	安装位置	检查条件	量程设置	检查方法	检查结果	处理意见
油温传感器G93						

检查控制单元与传感器之间的导线			
检查项目		是否导通	处理意见
电脑针脚号	传感器针脚号	是□ 否□	
电脑针脚号	传感器针脚号	是□ 否□	

检查传感器本身电阻			
环境温度	阻值	是否符合要求	处理意见

6. 检查多功能开关F125

功能开关位于变速器壳体上。多功能开关由变速杆拉索控制，其作用是感知变速手柄的位置，并将状态信号传送给变速器控制单元J217和起动倒车继电器J226。

检查内容	检查结果	处理意见

7. 检查电磁阀

自动变速器液压系统的电磁阀按其控制信号分为开关型、比例型和占空比型。开关型电磁阀由计算机输出的开关信号控制，电磁阀有通、断两种状态。

检测内容	检查条件	量程设置	检查方法	检查结果

检查控制单元与电磁阀线束插头之间的导线			
检查项目		是否导通	处理意见
电脑针脚号	传感器针脚号	是□ 否□	
电脑针脚号	传感器针脚号	是□ 否□	

（二）教学目标

1. 能说出自动变速器系统电气元件的安装位置及作用。

2. 能对自动变速器系统的一般电气故障进行检查和修理。

（三）教学资源

宝来自动挡轿车　　诊断仪KT600　　汽车维修通用工具　　万用表

（四）教学组织

30人小班化教学。实操前分小组，每组6人，集体讨论确定组长。组长带领组员确定小组成员的任务分工。每组一台故障车辆进行上岗实操。

教师通过PPT多媒体教学课件展现课程任务，并全程负责监督指导。学生根据课程任务进行小组讨论，以"做中学"的方式，完成学生工作页的填写。

操作员与其他成员互换角色，每人完成一次操作。最后小组讨论总结，组长汇报本组任务的完成情况和感受。

（五）教学过程

项目教学过程		学生学的活动	教师教的活动
阶段一 任务引入	任务描述	预习自动变速器系统电气元件的组成及作用	讲解自动变速器各电气元件的作用，并强调本任务的重要性
	知识准备	说出万用表测电阻的方法，及KT600的诊断方法	讲述万用表测量方法。强调万用表使用注意事项
	任务定位	听教师讲解，按照教师示范正确、规范完成电气元件的检查任务	展示PPT，讲解各电器元件安装位置，示范电气元件的检查方法
阶段二 项目实施	步骤1 确定任务实施方案及成员分工	观看PPT后，听教师讲解。小组内讨论确定任务实施方案及组长、成员分工情况	展示PPT，简要说明测量步骤及注意问题。了解各小组的讨论情况，解答小组讨论中出现的问题。对各小组讨论的任务实施方案及分工给予指导
	步骤2 完成任务记录表	分组讨论确定控制单元针脚作用	了解各小组任务实施情况
	步骤3 检查G69	分组检查车速传感器G69，完成任务结果记录表	了解各小组任务实施情况，强调任务实施过程中存在的问题
	步骤4 检查G83	分组检查变速器转速传感器G83，完成任务结果记录表	了解各小组任务实施情况，提醒学生注意安全
	步骤5 检查G93	分组检查油温传感器G93，完成任务结果记录表	了解小组任务实施情况，强调任务实施过程中存在的问题
	步骤6 检查F125	分组检查多功能开关F125，完成任务结果记录表	了解小组任务实施情况，对学生遇到的共性问题进行讲解
	步骤7 检查电磁阀	分组检查电磁阀，完成任务结果记录表	了解小组任务实施情况，讲述电磁阀工作原理

续表

项目教学过程		学生学的活动	教师教的活动
阶段三 项目总结	展示与总体评价	各组长汇报小组测量结果	点评各组长汇报情况
	学习小结	积极汇报任务完成后的心得感受	组织同学主动汇报任务完成后的心得感受

（六）技能评价

序号	技能	评判结果	
		是	否
1	能准确找到各电气元件的安装位置		
2	能正确检测一般电气元件的好坏		
3	能根据检测结果判断故障原因并排除故障		

二、任务操作单

项目操作单一

工作任务：检查车速传感器G69

安全及其他注意事项：按规定穿实训服，进入实训场地务必集中精神，不准说笑、打闹！正确使用拆装及测量工具，并注意妥善保管！对螺栓、螺母必须按规定预紧力、顺序和方法进行紧固！车辆启动前必须认真检查各部件是否安装正确，保证不能有短路现象发生！

步骤	操作方法与说明	质量	备注
一、测量车速传感器电脑端针脚	1.确定车速传感器电脑端的安装位置 2.保证车辆正常怠速运行 3.记录检查结果	检查内容全面，记录准确	P-E
二、检查控制单元与传感器间的导线	用万用表蜂鸣挡测量电脑端阵脚与传感器针脚是否导通，测量2个	测量内容全面，记录准确	P-D

续表

步骤	操作方法与说明	质量	备注
三、检查传感器电阻	1. 正确选用万用表电阻挡 2. 记录测量结果	测量数值误差小，记录准确	P-D

项目操作单二

工作任务： 检查变速器转速传感器G38

安全及其他注意事项： 按规定穿实训服，进入实训场地务必集中精神，不准说笑、打闹！正确使用拆装及测量工具，并注意妥善保管！对螺栓、螺母必须按规定预紧力、顺序和方法进行紧固！车辆启动前必须认真检查各部件是否安装正确，保证不能有短路现象发生！

步骤	操作方法与说明	质量	备注
一、测量变速器转速传感器电脑端针脚	1. 确定变速器转速传感器电脑端的安装位置 2. 保证车辆正常怠速运行 3. 记录检查结果	检查内容全面，记录准确	P-E
二、检查控制单元与传感器间的导线	用万用表蜂鸣挡测量电脑端阵脚与传感器针脚是否导通，测量2个	测量内容全面，记录准确	P-D
三、检查传感器电阻	1. 正确选用万用表电阻挡 2. 记录测量结果	测量数值误差小，记录准确	P-D

项目操作单三

工作任务： 检查油温传感器G93

安全及其他注意事项： 按规定穿实训服，进入实训场地务必集中精神，不准说笑、打闹！正确使用拆装及测量工具，并注意妥善保管！对螺栓、螺母必须按规定预紧力、顺序和方法进行紧固！车辆启动前必须认真检查各部件是否安装正确，保证不能有短路现象发生！

续表

步骤	操作方法与说明	质量	备注
一、测量油温传感器电脑端针脚	1. 确定油温传感器电脑端的安装位置 2. 保证车辆正常怠速运行 3. 记录检查结果	检查内容全面，记录准确	P-E
二、检查控制单元与油温传感器间的导线	用万用表蜂鸣挡测量电脑端阵脚与传感器针脚是否导通，测量2个	测量内容全面，记录准确	P-D
三、检查传感器本身的电阻	1. 正确选用万用表电阻挡 2. 测量3次在不同温度下油温传感器的电阻 3. 记录测量结果	测量数值误差小，记录准确	P-D

项目操作单四

工作任务： 检查电磁阀

安全及其他注意事项： 按规定穿实训服，进入实训场地务必集中精神，不准说笑、打闹！正确使用拆装及测量工具，并注意妥善保管！对螺栓、螺母必须按规定预紧力、顺序和方法进行紧固！车辆启动前必须认真检查各部件是否安装正确，保证不能有短路现象发生！

步骤	操作方法与说明	质量	备注
一、测量各电磁阀电脑端针脚	1. 确定各电磁阀电脑端的安装位置 2. 记录检查结果	检查内容全面，记录准确	P-E
二、检查控制单元与电磁阀线束插头间的导线	用万用表蜂鸣挡测量电脑端阵脚与传感器针脚是否导通，测量2个	测量内容全面，记录准确	P-D
三、测量电磁阀本身电阻阻值及钢珠磨损情况	1. 正确选用万用表电阻挡，测量各开关电磁阀的电阻 2. 观察各电磁阀插头是否损坏	测量数值误差小，记录准确	P-D

续表

步骤	操作方法与说明	质量	备注
	3.观察钢珠是否磨损 球阀已严重磨损		

三、学生工作页

学生工作页 一

车速传感器电脑端针脚记录表					
检测内容	安装位置	检查条件	量程设置	检查方法	检查结果	处理意见
车速传感器G38						

检查控制单元与传感器之间的导线		
检查项目		是否导通	处理意见
电脑针脚号	传感器针脚号	是□ 否□	
电脑针脚号	传感器针脚号	是□ 否□	

检查传感器本身电阻			
检查项目	使用工具	检查结果	处理意见
传感器电阻			

学生工作页 二

变速器转速传感器电脑端针脚记录表

检测内容	安装位置	检查条件	量程设置	检查方法	检查结果	处理意见
变速器转速传感器 G38						

检查控制单元与传感器之间的导线

检查项目		是否导通	处理意见
电脑针脚号	传感器针脚号	是□ 否□	
电脑针脚号	传感器针脚号	是□ 否□	

检查传感器本身电阻

检查项目	使用工具	检查结果	处理意见
传感器电阻			

学生工作页 三

油温传感器电脑端针脚记录表

检测内容	安装位置	检查条件	量程设置	检查方法	检查结果	处理意见
油温传感器 G93						

检查控制单元与传感器之间的导线

检查项目		是否导通	处理意见
电脑针脚号	传感器针脚号	是□ 否□	
电脑针脚号	传感器针脚号	是□ 否□	

项目三　自动变速器系统常见故障检查与修理

检查传感器本身电阻			
环境温度	阻值	是否符合要求	处理意见

学生工作页 四

检查电磁阀				
检测内容	检查条件	课程设置	检查方法	检查结果

检查控制单元与电磁阀线束插头之间的导线			
检查项目		是否导通	处理意见
电脑针脚号	传感器针脚号	是□ 否□	
电脑针脚号	传感器针脚号	是□ 否□	

任务三　自动变速器机械元件检查与调整

一、教学设计

（一）任务描述

自动变速器机械元件主要由离合器、制动器、单向离合器、行星齿轮机构等组成。离合器和制动器是自动变速器中用来连接或固定行星齿轮机构中某一元件的装置，其本身的工作是由液压系统进行控制的。行星齿轮机构主要由太阳轮、行星架、行星轮、齿圈组成，是自动变速器的核心元件。

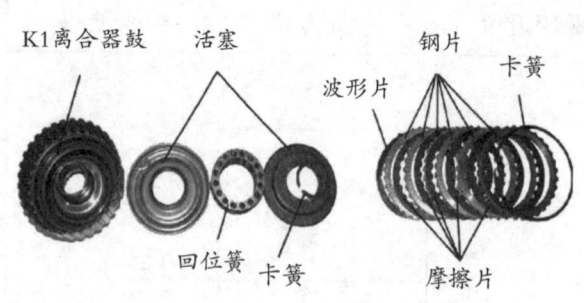

图3-3-1　片式离合器

图3-3-2　行星齿轮机构

1. 分解自动变速器任务实施步骤记录表

序号	操作内容	元件是否正常
1	拆卸变速器滤清器	
2	拆卸多功能开关	
3	拆卸里程表传感器	
4	拆卸阀体线束固定螺栓	
5	拆卸输入输出转速传感器	
6	拔出液力变矩器，并将自动变速器油释放干净	
7	拆卸变速器散热器	
8	拆卸油底壳	
9	使用专用工具拆卸阀体线束与电磁阀连接插头	

续表

序号	操作内容	元件是否正常
10	拆卸B1制动器油管，拆卸时注意不遗漏密封圈	
11	拆卸阀体螺栓	
12	拆卸机油泵	
13	拆卸后盖	
14	拆卸小输入轴总成	
15	拆卸大太阳轮	
16	取出单向离合器和行星齿轮	

2.组装自动变速器任务实施步骤记录表

序号	操作内容
1	组装K1离合器，首先在K1内片支架上安装压盘、_____片钢片和_____片摩擦片
2	在K1内片支架上安装_____个支撑环
3	将剩余的钢片、摩擦片和波纹片安装在离合器毂内
4	组装K3离合器钢片、摩擦片及压盘，安装滚针轴承
5	将行星齿轮下端的滚针轴承安装到壳体内，再将滚针轴承涂抹上少量的凡士林安装到行星齿轮下端，是滚针轴承与行星齿轮一同安装到壳体内
6	安装B1制动器钢片、摩擦片、调整垫片和压盘
7	安装蝶形弹簧，_____面朝向单向离合器
8	将单向离合器总成组装好后，安装到壳体内
9	安装大卡簧，注意与B1制动器间隙
10	安装大太阳轮，安装时注意大太阳轮下端滚针轴承方向
11	安装大、小输入轴。安装时注意滚针轴承方向
12	拧紧小输入轴固定螺栓，拧紧力矩为_____N·m

续表

序号	操作内容
13	安装K1、K3、K2离合器总成
14	安装B2制动器隔离管
15	将B2制动器活塞和油泵垫片安装到油泵上
17	安装油泵总成，螺栓拧紧力矩为_____ N·m

（二）教学目标

能根据操作步骤正确拆解、组装自动变速器。

（三）教学资源

上海大众POLO轿车　大众专用工具　汽车维修通用工具　万用表

（四）教学组织

30人小班化教学。实操前分小组，每组6人，集体讨论确定组长及小组成员的任务分工。每组一台故障车辆进行上岗实操。

教师通过PPT多媒体教学课件展现课程任务，并全程负责监督指导。学生根据课程任务进行小组讨论，以"做中学"的方式，完成学生工作页的填写。

操作员与其他成员互换角色，每人完成一次操作。最后小组讨论总结，组长汇报本组任务的完成情况和感受。

（五）教学过程

项目教学过程		学生学的活动	教师教的活动
阶段一 任务引入	任务描述	预习自动变速器机械元件的安装位置及功能	说明本次任务应特别注意拆卸元件的放置，防止丢失
	知识准备	说出各机械元件的功能	检查学生对各机械元件功能的掌握情况
	任务定位	听教师讲解，按照教师示范正确、规范完成自动变速器机械元件拆装任务	展示PPT，课堂巡视学生自动变速器机械元件拆装过程，及时讲解、强调注意事项

续表

项目教学过程		学生学的活动	教师教的活动
阶段二 项目实施	步骤1 确定实施方案及成员分工	听完教师讲解后，小组内讨论确定任务实施方案及组长、成员分工情况	展示PPT说明测量步骤，强调注意问题。了解各小组的讨论情况，解答小组讨论中出现的问题。对各小组的任务实施方案及分工给予指导
	步骤2 拆解变速器	拆解自动变速器	了解各小组任务实施情况，适时中断学生活动，强调安全和元件放置问题
	步骤3 组装自动变速器	组装自动变速器	了解各小组任务实施情况，适时中断学生活动，强调安装时务必按步骤进行
阶段三 项目总结	展示与总体评价	各组长汇报小组拆解和组装完成情况	点评各组长汇报情况
	学习小结	积极汇报任务完成后的心理感受	组织同学主动汇报任务完成后的心理感受

（六）技能评价

序号	技能	评判结果	
		是	否
1	能正确拆解、组装自动变速器		
2	能规范使用工具		

二、任务操作单

项目操作单一

工作任务： 拆解自动变速器

安全及其他注意事项： 按规定穿实训服，进入实训场地务必集中精神，不准说笑、打闹！正确使用拆装及测量工具，并注意妥善保管！对螺栓、螺母必须按规定预紧力、顺序和方法进行紧固！车辆启动前必须认真检查各部件是否安装正确，保证不能有短路现象发生！

步骤	操作方法与说明	质量	备注
分解自动变速器	1. 拆卸变速器滤清器 2. 拆卸多功能开关 3. 拆卸里程表传感器 4. 拆卸阀体线束固定螺栓 5. 拆卸输入输出转速传感器 6. 拔出液力变矩器，并将自动变速器油释放干净 7. 拆卸变速器散热器 8. 拆卸油底壳 9. 使用专用工具拆卸阀体线束与电磁阀连接插头 10. 拆卸B1制动器油管，拆卸时注意不遗漏密封圈 11. 拆卸阀体螺栓 12. 拆卸机油泵 13. 拆卸后盖 14. 拆卸小输入轴总成 15. 拆卸大太阳轮 16. 取出单向离合器和行星齿轮	按步骤规范操作，目视检查元件，记录全面	P-E

项目操作单二

工作任务： 组装自动变速器

安全及其他注意事项： 按规定穿实训服，进入实训场地务必集中精神，不准说笑、打闹！正确使用拆装及测量工具，并注意妥善保管！对螺栓、螺母必须按规定预紧力、顺序和方法进行紧固！车辆启动前必须认真检查各部件是否安装正确，保证不能有短路现象发生！

步骤	操作方法与说明	质量	备注
分解自动变速器	1. 组装K1离合器，首先在K1内片支架上安装压盘、_2_片钢片和_3_片摩擦片 2. 在K1内片支架上安装_3_个支撑环 3. 将剩余的钢片、摩擦片和波纹片安装在离合器毂内 4. 组装K3离合器钢片、摩擦片及压盘，安装滚针轴承 5. 将行星齿轮下端的滚针轴承安装到壳体内，再将滚针轴承涂抹上少量的凡士林安装到行星齿轮下端，是滚针轴承与行星齿轮一同安装到壳体内 6. 安装B1制动器钢片、摩擦片、调整垫片和压盘 7. 安装蝶形弹簧，_凹_面朝向单向离合器 8. 将单向离合器总成组装好后，安装到壳体内 9. 安装大卡簧，注意与B1制动器间隙 10. 安装大太阳轮，安装时注意大太阳轮下端滚针轴承方向 11. 安装大、小输入轴。安装时注意滚针轴承方向	按步骤规范操作，画线部分填写准确	P—E

续表

步骤	操作方法与说明	质量	备注
	12. 拧紧小输入轴固定螺栓，拧紧力矩为 25 N·m 13. 安装K1、K3、K2离合器总成 14. 安装B2制动器隔离管 15. 将B2制动器活塞和油泵垫片安装到油泵上 16. 安装油泵总成，螺栓拧紧力矩为 30 N·m		

三、学生工作页

学生工作页一

序号	操作内容	元件是否正常
1	拆卸变速器滤清器	
2	拆卸多功能开关	
3	拆卸里程表传感器	
4	拆卸阀体线束固定螺栓	
5	拆卸输入输出转速传感器	
6	拔出液力变矩器，并将自动变速器油释放干净	
7	拆卸变速器散热器	
8	拆卸油底壳	
9	使用专用工具拆卸阀体线束与电磁阀连接插头	
10	拆卸B1制动器油管，拆卸时注意不遗漏密封圈	
11	拆卸阀体螺栓	
12	拆卸机油泵	

续表

序号	操作内容	元件是否正常
13	拆卸后盖	
14	拆卸小输入轴总成	
15	拆卸大太阳轮	
16	取出单向离合器和行星齿轮	

学生工作页 二

序号	操作内容
1	组装K1离合器，首先在K1内片支架上安装压盘，_____片钢片和_____片摩擦片
2	在K1内片支架上安装个支撑环
3	将剩余的钢片、摩擦片和波纹片安装在离合器毂内
4	组装K3离合器钢片、摩擦片及压盘，安装滚针轴承
5	将行星齿轮下端的滚针轴承安装到壳体内，再将滚针轴承涂抹上少量的凡士林安装到行星齿轮下端，是滚针轴承与行星齿轮一同安装到壳体内
6	安装B1制动器钢片、摩擦片、调整垫片和压盘
7	安装蝶形弹簧，_____面朝向单向离合器
8	将单向离合器总成组装好后，安装到壳体内
9	安装大卡簧，注意与B1制动器间隙
10	安装大太阳轮，安装时注意大太阳轮下端滚针轴承方向
11	安装大、小输入轴。安装时注意滚针轴承方向
12	拧紧小输入轴固定螺栓，拧紧力矩为_____N·m
13	安装K1、K3、K2离合器总成

续表

序号	操作内容
14	安装B2制动器隔离管
15	将B2制动器活塞和油泵垫片安装到油泵上
17	安装油泵总成，螺栓拧紧力矩为_____N·m

任务四　自动变速器液压元件检查与修理

一、教学设计

（一）任务描述

自动变速器液压元件主要有液力变矩器、油泵和滑阀箱。最初的液力变矩器由泵轮、导轮和涡轮组成，称为三元件液力变矩器。现代汽车自动变速器中所用的液力变矩器都是综合式液力变矩器，综合式液力变矩器是在三元件液力变矩器的基础上增加了单向离合器和锁止装置，传递动力更加平顺可靠，而且大大提高了工作效率。

油泵由液力变矩器驱动，通常装在变速器最前端，和发动机曲轴同步旋转，负责向液压控制系统提供动力源。

滑阀箱的主要作用是根据手动阀位置、电控单元控制信号、油压信号等多个信息，由电磁阀产生控制油压信号，然后驱动相关的液压滑阀工作

图3-4-1　液力变矩器

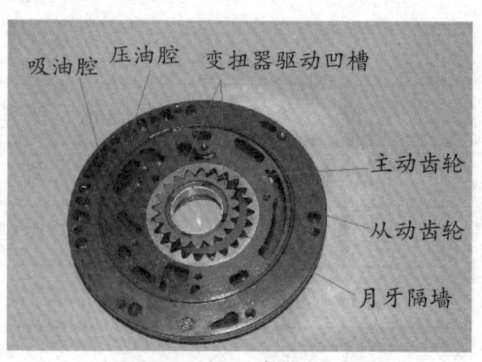

图3-4-2　齿轮泵

1. 目视检查液力变矩器记录表

检查项目	检查结果
液力变矩器外表面有无裂纹或变形	有□ 无□
液力变矩器有无变色现象	有□ 无□
液力变矩器轴颈处是否有沟槽	有□ 无□

2. 主油压测试结果记录表

测试条件	测试挡位	有无故障码	变速器油温	测量压力值	标准压力值	是否符合要求
怠速	D	有□ 无□				是□ 否□
怠速	R	有□ 无□				是□ 否□
2000转	D	有□ 无□				是□ 否□
2000转	R	有□ 无□				是□ 否□

3. 油泵检查结果记录表

检查项目（自上而下）	上端面是否磨损	下端面是否磨损	环口是否正常对接	是否符合工作要求
第一道环	是□ 否□	是□ 否□	是□ 否□	是□ 否□
第二道环	是□ 否□	是□ 否□	是□ 否□	是□ 否□

（二）教学目标

1. 能对自动变速器系统各个液压元件进行检查和修理。
2. 能对自动变速器系统的一般故障进行检查和修理。

（三）教学资源

宝来自动挡轿车　大众汽车专用拆装工具　汽车维修通用工具　油压表

（四）教学组织

30人小班化教学。实操前分小组，每组6人，集体讨论确定组长及小组成员的任务分工。每组一台故障车辆进行上岗实操。

教师通过PPT多媒体教学课件展现课程任务，并全程负责监督指导。学生根据课程任务进行小组讨论，以"做中学"的方式，完成学生工作页的填写。

操作员与其他成员互换角色，每人完成一次操作。最后小组讨论总结，组长汇报本组任务的完成情况和感受。

（五）教学过程

项目教学过程		学生学的活动	教师教的活动
阶段一 任务引入	任务描述	预习自动变速器液压元件的功能	强调本次任务应特别注意个人及实训室卫生，严格按照操作规范
	知识准备	说出各液压元件的功能	听学生阐述各液压元件的功能
	任务定位	听教师讲解，按照教师示范正确、规范完成自动变速器液压元件拆装任务	展示PPT，课堂巡视学生自动变速器液压元件拆装过程，及时讲解、强调注意事项
阶段二 项目实施	步骤1 计划、决策	听完教师讲解后，小组内讨论确定任务实施方案及组长、成员分工情况	展示PPT说明测量步骤，强调注意问题。了解各小组的讨论情况，解答小组讨论中出现的问题。对各小组的任务实施方案及分工给予指导
	步骤2 检查液力变矩器	目视检查液力变矩器	了解各小组任务实施情况，适时中断学生活动，提醒学生应操作规范，注意卫生
	步骤3 主油压检测	主油压检测	了解各小组任务实施情况
阶段三 项目总结	展示与总体评价	各组长汇报小组完成情况	点评各组长汇报情况
	学习小结	积极汇报任务完成后的心理感受	组织同学主动汇报任务完成后的心理感受

（六）技能评价

序号	技能	评判结果	
		是	否
1	能检测各液压元件好坏		
2	能严格按照操作规范进行作业		

二、任务操作单

项目操作单一

工作任务：检验液力变矩器

安全及其他注意事项：按规定穿实训服，进入实训场地务必集中精神，不准说笑、打闹！正确使用拆装及测量工具，并注意妥善保管！对螺栓、螺母必须按规定顶紧力、顺序和方法进行紧固！使用各个量具时都要轻拿轻放，用后清洁。

步骤	操作方法与说明	质量	备注
一、检查液力变矩器外观	目视检查液力变矩器外部有无损坏或裂纹，油泵驱动毂外径有无磨损、缺口及损伤	检查全面，并记录	P-E
二、检查单向离合器	1. 用课堂提供的工具插入油泵驱动毂和单向离合器外座圈的槽口中 2. 用手指压住单向离合器的内座圈并转动它 3. 检查顺时针转动是否平稳，逆时针方向锁止	按步骤成功完成操作，并完成表格记录	P-M
三、导轮与涡轮间的干涉检查	1. 将液力变矩器与飞轮连接侧朝下放在台架上，然后装入油泵总成，确保液力变矩器油泵驱动毂与油泵驱动部分结合良好 2. 把变速器输入轴（涡轮轴）插入涡轮轮毂中，使油泵和液力变矩器保持不动，然后顺时针、逆时针反	按步骤成功完成操作，记录油液颜色等（正常油液清澈，略带红色且无异味）	P-M

续表

步骤	操作方法与说明	质量	备注
	复转动涡轮轴，如果转动不顺畅或有噪声，则更换液力变矩器		
四、导轮和泵轮之间的干涉检查	1. 将油泵放在台架上，把液力变矩器安装在油泵上 2. 旋转液力变矩器，使液力变矩器的油泵驱动毂与油泵主动部分结合好 3. 定住油泵，并逆时针转动液力变矩器，如果转动不顺畅或有噪声，则更换		P-M

项目操作单二

工作任务：测量自动变速器主油压

安全及其他注意事项：按规定穿实训服，进入实训场地务必集中精神，不准说笑、打闹！正确使用拆装及测量工具，并注意妥善保管！对螺栓、螺母必须按规定预紧力、顺序和方法进行紧固！使用各个量具时都要轻拿轻放，用后清洁。

步骤	操作方法与说明	质量	备注
一、怠速下主油压测量	1. 使用工具拆卸主油压测试口螺栓 2. 关闭发动机，连接诊断仪，查看ATF油温 3. 连接专用压力检测仪，并紧固螺栓 4. 保持发动机怠速运转，将换挡杆拨至R挡，测量倒挡主油压 5. 启动发动机，并对压力检测仪进行排压 6. 保持发动机怠速运转，将选挡杆拨至D挡，测量D挡主油压	按步骤操作规范，记录全面准确	P-E
二、失速下主油压测量	1. 保持车辆与地面的距离，启动发动机 2. 拔掉电磁阀线束插头	按步骤操作规范，记录全面准确	P-M

续表

步骤	操作方法与说明	质量	备注
	3. 将换挡杆拨至D挡，将发动机加速到2000转，测量倒挡主油压 4. 将换挡杆拨至R倒挡，将发动机加速到2000转，测量倒挡主油压 5. 关闭点火开关		

项目操作单三

工作任务： 检查油泵

安全及其他注意事项： 按规定穿实训服，进入实训场地务必集中精神，不准说笑、打闹！正确使用拆装及测量工具，并注意妥善保管！对螺栓、螺母必须按规定预紧力、顺序和方法进行紧固！使用各个量具时都要轻拿轻放，用后清洁。

步骤	操作方法与说明	质量	备注
一、油泵的工作原理	（图示：吸油腔、压油腔、变扭器驱动凹槽、主动齿轮、从动齿轮、月牙隔墙） 发动机运转时，变矩器壳体后端的轴套带动小齿轮和内齿轮一起朝顺时针方向旋转。此时，在吸油腔，由于小齿轮和内齿轮不断推出啮合，容积不断增加，使得形成局部真空，将液压油从进油口吸入，且随着齿轮的旋转，齿间的液压油被带到液压腔。在压油腔，由于小齿轮和内齿轮不断进入啮合，容积不断减少，将液压油从出油口排出	了解此操作	P-E

续表

步骤	操作方法与说明	质量	备注
二、检查活塞环的位置及磨损		观察仔细，能够发现活塞环或止推垫片存在问题	P–M
三、测量油泵间隙	测量齿顶间隙 0.11～0.14 mm 测量齿侧间隙 0.17～0.15 mm 测量端面间隙 0.02～0.05 mm	按步骤成功完成操作，读数准确	P–D

三、学生工作页

学生工作页 一

目测检查液力变矩器结果记录表

检查项目	检查结果
液力变矩器有无变色现象	有☐　无☐
液力变矩器轴颈处是否有沟槽	有☐　无☐

学生工作页 二

主油压测试结果记录表

测试条件	测试挡位	有无故障码	变速器油温	测量压力值	标准压力值	是否符合要求
怠速	D	有☐ 无☐				是☐ 否☐
怠速	R	有☐ 无☐				是☐ 否☐
2000转	D	有☐ 无☐				是☐ 否☐
2000转	R	有☐ 无☐				是☐ 否☐

步骤	操作方法与说明	质量	备注
一、怠速下主油压测量	1. 使用工具拆卸主油压测试口螺栓 2. 关闭发动机，连接诊断仪，查看ATF油温 3. 连接专用压力检测仪，并紧固螺栓 4. 保持发动机怠速运转，将换挡杆拨至R挡，测量倒挡主油压 5. 启动发动机，并未压力检测仪进行排压 6. 保持发动机怠速运转，将选挡杆拨至D挡，测量D挡主油压	按步骤操作规范，记录全面准确	P-E

续表

步骤	操作方法与说明	质量	备注
二、失速下主油压测量	1. 保持车辆与地面的距离，启动发动机 2. 拔掉电磁阀线束插头 3. 将换挡杆拨至D挡，并发动机加速到转，测量倒挡主油压 4. 将换挡杆拨至R倒挡，并发动机加速到转，测量倒挡主油压。关闭点火开关	按步骤操作规范，记录全面准确	P-M

学生工作页 三

油泵检查结果记录表

检查项目 （自上而下）	上端面 是否磨损	下端面 是否磨损	环口是否 正常对接	是否符合 工作要求
第一道环	是□ 否□	是□ 否□	是□ 否□	是□ 否□
第二道环	是□ 否□	是□ 否□	是□ 否□	是□ 否□

项目四　电子控制制动系统的检查与修理

> **● 项目描述**
>
> 　　电子控制制动系统一般包括ABS系统、ASR系统、ESP系统、EPB系统，是汽车最重要的系统之一。它直接关系到汽车行驶的安全性，它具有行车制动、驻车制动和其他制动功能。

任务一　ABS系统检查与修理

一、教学设计

（一）任务描述

　　ABS（Anti-lock Braking System）系统即防抱死制动系统，主要作用是在车辆紧急制动过程中防止车轮被完全抱死而发生滑移，造成安全事故。因此，ABS的制动过程其实就是对施加在车轮上的制动力进行制动—释放—再制动的过程。ABS系统主要包括ABS总成和轮速传感器两部分。ABS总成由ABS泵电机、ABS阀体、ABS控制单元三部分组成。

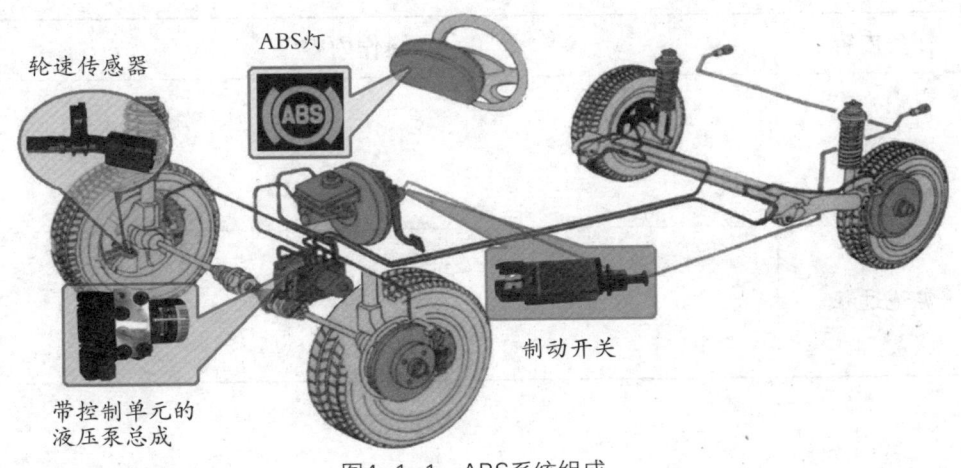

图4-1-1　ABS系统组成

一台捷达王轿车的ABS报警灯点亮，急刹车时脚下无原来的反弹感，ABS系统不起作用。

1. 目视检查ABS零部件记录表

图例	名称	安装位置	功能

2. 拆解液压单元计划实施内容记录表

任务内容	操作内容
工具准备	
实施过程	

3. 轮速传感器检查修理计划内容实施记录表

检查内容		标准数据	检测数据	检查内容		检测数据	对比是否一致
间隙	左前	mm	mm	信号电压	左前		
	右前	mm	mm		右前		
	左后	mm	mm		左后		
	右后	mm	mm		右后		
阻值	左前	Ω	Ω	信号发生器	左前	正常□/损坏□/污物□	
	右前	Ω	Ω		右前		
	左后	Ω	Ω		左后		
	右后	Ω	Ω		右后		

（二）教学目标

1. 能说出ABS系统的基本组成和工作原理。
2. 能使用专用工具对ABS系统诸多常见故障进行修理。

（三）教学资源

捷达王轿车一辆　大众专用工具　汽车维修通用工具　万用表

（四）教学组织

30人小班化教学。实操前分小组，每组6人，集体讨论确定组长及小组成员的任务分工。每组一台故障车辆进行上岗实操。

教师通过PPT多媒体教学课件展现课程任务，并全程负责监督指导。学生根据课程任务进行小组讨论，以"做中学"的方式，完成学生工作页填写。

操作员与其他成员互换角色，每人完成一次操作。最后小组讨论总结，组长汇报本组任务的完成情况和感受。

（五）教学过程

项目教学过程		学生学的活动	教师教的活动
阶段一 任务引入	任务描述	预习ABS系统的基本组成及功能	简要说明ABS系统在刹车时的作用
	知识准备	能复述ABS系统功能及组成	听学生阐述ABS系统各部分的功能

续表

项目教学过程		学生学的活动	教师教的活动
阶段二 项目实施	任务定位	听教师讲解，按照教师示范正确、规范完成ABS系统的检查与修理任务	展示PPT，讲解ABS系统故障判断方法，示范轮速传感器检查方法
	步骤1 根据预习，制定计划	听完教师讲解后，小组内讨论确定任务实施方案及组长、成员分工情况	展示PPT，说明测量步骤，强调注意问题。了解各小组的讨论情况，解答小组讨论中出现的问题。对各小组的任务实施方案及分工给予指导
	步骤2 检查ABS	目视检查ABS各部件好坏	了解各小组任务实施情况
	步骤3 拆解液压单元	拆解液压单元并编码	了解各小组任务实施情况，适时中断学生活动，强调拆解时务必按步骤进行
	步骤4 修理转速传感器	修理转速传感器	了解各小组任务实施情况，强调任务实施过程中注意使用安全保护支架
阶段三 项目总结	展示与总体评价	各组长汇报检测结果	点评各组长汇报情况
	学习小结	积极汇报任务完成后的心理感受	组织同学主动汇报任务完成后的心理感受

（六）技能评价

序号	技能	评判结果	
		是	否
1	能使用专用工具对ABS系统诸多常见故障进行修理		

二、任务操作单

项目操作单一

工作任务： 检测ABS系统故障

安全及其他注意事项： 按规定穿戴工作服，进入实训场地务必集中精神，不准说笑、打闹！正确使用拆装及测量工具，并注意妥善保管！检查轮速传感器时，如果需要单独支撑某个车轮，必须使用安全保护支架（马凳）。车辆启动前必须认真检查各部件是否安装正确！

问题情境	原因	行动	备注
一、ABS液压泵无法正常工作	ABS供电系统短路	断电后，万用表蜂鸣挡检测电源线是否搭铁	P-M
	液压泵电机线脱落；液压泵电机线插接器进水腐蚀	万用表蜂鸣挡检查电机线及插接器是否完好	P-D
二、ABS轮速传感器工作不正常	传感器线圈接触不良或短路	断电后，万用表电阻挡R1K挡测量线圈电阻，值应在800Ω上下	P-E
	传感器与信号发生器之间间隙不正确；信号发生器变形或损坏	目视观察传感器外形，并用塞尺测量传感器与信号发生器间隙。标准值为0.3mm	P-D
	传感器安装位置不正确	目视检查轮速传感器安装位置	P-E
三、ABS系统电压过高或过低	ABS系统保险烧毁	找到保险盒，检查保险是否损坏	P-E
	蓄电池电压过高或过低	万用表20V直流电压挡测量蓄电池电压，标准值12V	
	插接器接触不良	万用表蜂鸣挡测量插接器通断	

说明：横线部分由学生填写。

项目操作单二

工作任务：排除、修理ABS系统故障

安全及其他注意事项：按规定穿戴工作服，进入实训场地务必集中精神，不准说笑、打闹！正确使用拆装及测量工具，并注意妥善保管！检查轮速传感器时，如果需要单独支撑某个车轮，必须使用安全保护支架（马凳）。车辆启动前必须认真检查各部件是否安装正确！

如果	以及	那么		备注
		类型判定	处理	
一、ABS泵电机不工作	检测故障码为01276	线路故障	1. 检测ABS液压泵电机 2. 检修ABS液压泵电机线路故障	P-D
二、车速≤10 km/h，ABS系统参与工作	低速行驶时轻踩制动踏板，底盘产生异响	轮速传感器故障	1. 更换轮速传感器，检查线路 2. 检查轮速传感器安装位置 3. 检查轮速传感器与信号发生器间隙	P-D
三、ABS故障灯、发动机故障灯同时点亮	ABS系统失效	蓄电池电压过高或过低	1. 检测蓄电池故障 2. 检测交流发电机输出电压 3. 检查线路保险	

三、学生工作页

学生工作页

1. 目视检查ABS零部件记录表

图例	名称	安装位置	功能

续表

图例	名称	安装位置	功能

2. 拆解液压单元计划实施内容记录表

任务内容	操作内容
工具准备	
实施过程	

3. 轮速传感器检查修理计划内容实施记录表

检查内容		标准数据	检测数据	检查内容		检测数据	对比是否一致
间隙	左前	mm	mm	信号电压	左前		
	右前	mm	mm		右前		
	左后	mm	mm		左后		
	右后	mm	mm		右后		

续表

检查内容		标准数据	检测数据	检查内容		检测数据	对比是否一致
阻值	左前	Ω	Ω	信号发生器	左前		正常□/损坏□/污物□
	右前	Ω	Ω		右前		
	左后	Ω	Ω		左后		
	右后	Ω	Ω		右后		

问题情境	原因	行动	备注
一、ABS液压泵无法正常工作	ABS供电系统_____	断电后，万用表蜂鸣挡检测电源线是否搭铁	P-M
	_____线脱落；液压泵电机线_____进水腐蚀	万用表蜂鸣挡检查电机线及插接器是否完好	P-D
二、ABS轮速传感器工作不正常	_____接触不良或短路	断电后，万用表电阻挡_____挡测量线圈电阻，值应在_____Ω上下	P-E
	传感器与信号发生器之间_____不正确；信号发生器_____	目视观察传感器外形，并用_____测量传感器与信号发生器间隙。标准值为_____	P-D
	传感器安装位置不正确	目视检查轮速传感器安装位置	P-E
三、ABS系统电压过高或过低	ABS系统_____	找到保险盒，检查保险是否损坏	P-E
	_____过高或过低	万用表_____测量蓄电池电压，标准值_____	
	插接器接触不良	万用表_____测量插接器通断	

任务二 ASR系统检查与修理

一、教学设计

（一）任务描述

ASR（Acceleration Slip Regulation）为驱动防滑系统。该系统可以防止汽车在起步、加速和滑溜路面行驶时驱动轮的滑转，以提高汽车的牵引性和操纵稳定性。

此外，在ASR起作用时，仪表板上的ASR指示灯或蜂鸣器可发出提醒，提示司机不要踩刹车过猛（紧急制动）、注意转向盘的操作、不要猛踩加速踏板等，以确保行车的安全。目前在汽车上广泛使用的ASR多为发动机输出功率和驱动轮制动综合控制。

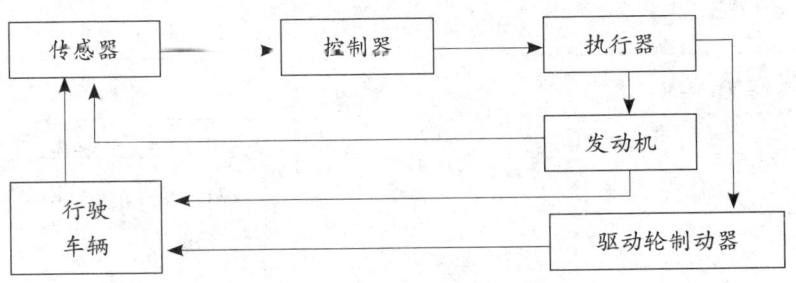

图4-2-1 ASR系统的基本组成

1. 任务计划实施记录表

任务内容： 各传感器零点标位	完成时间：	实训设备： 整车
参考资料：		实训工具：

2. ASR系统数据流检测情况记录表

显示组	显示区	显示内容	是否符合要求	处理意见
	1		是□ 否□	
	2		是□ 否□	
	3		是□ 否□	

（二）教学目标

1. 能为客户解说ASR系统功用。
2. 能使用专用工具对ASR系统进行电气检测。

（三）教学资源

宝来自动挡轿车　大众汽车专用拆装工具　汽车维修通用工具

（四）教学组织

30人小班化教学。实操前分小组，每组6人，集体讨论确定组长及小组成员的任务分工。每组一台故障车辆进行上岗实操。

教师通过PPT多媒体教学课件展现课程任务，并全程负责监督指导。学生根据课程任务进行小组讨论，以"做中学"的方式，完成学生工作页的填写。

操作员与其他成员互换角色，每人完成一次操作。最后小组讨论总结，组长汇报本组任务的完成情况和感受。

（五）教学过程

项目教学过程		学生学的活动	教师教的活动
阶段一 任务引入	任务描述	预习ASR系统工作原理	说明本次任务操作较简单，以记忆为主，但务必按照操作规范作业
	知识准备	能阐述ASR系统作用	听学生阐述ASR系统作用
	任务定位	听教师讲解，了解ASR系统功用，按照教师的示范正确、规范完成ASR系统的电气检测任务	展示PPT，讲解ASR系统功用 示范ASR系统电气检测步骤
阶段二 项目实施	步骤1 根据讲解确定计划	听完教师讲解后，小组内讨论确定任务实施方案及组长、成员分工情况	展示PPT，说明测量步骤，强调注意问题。了解各小组的讨论情况，解答小组讨论中出现的问题。对各小组的任务实施方案及分工给予指导
	步骤2 检测ASR电气系统	ASR系统电气检测	了解各小组任务实施情况，适时中断学生活动，提醒学生操作规范，注意卫生

续表

项目教学过程		学生学的活动	教师教的活动
阶段三 项目总结	展示与总体评价	各组长汇报小组任务完成情况及结果	点评各组长汇报情况
	学习小结	积极汇报任务完成后的心理感受	组织同学主动汇报任务完成后的心理感受

（六）技能评价

序号	技能	评判结果	
		是	否
1	能向客户解说ASR系统的功用		
2	养成规范的操作习惯		

二、任务操作单

项目操作单一

工作任务：检测ASR系统故障

安全及其他注意事项：按规定穿实训服，进入实训场地务必集中精神，不准说笑、打闹！正确使用拆装及测量工具，并注意妥善保管！对螺栓、螺母必须按规定预紧力、顺序和方法进行紧固！车辆启动前必须认真检查各部件是否安装正确，保证不能有短路现象发生！

步骤	操作方法与说明		质量	备注
一、观察车辆自诊断情况	启动车辆，车辆进行自检，ASR报警灯亮起，2s后熄灭		观察仔细，记住ASR故障灯位置、形状	P-E

续表

步骤	操作方法与说明	质量	备注
二、读取测量数据	准备好所用工具、设备、资料等，根据之前所学测量数据	任务操作单填写正确	P-E
三、简述ASR控制原理	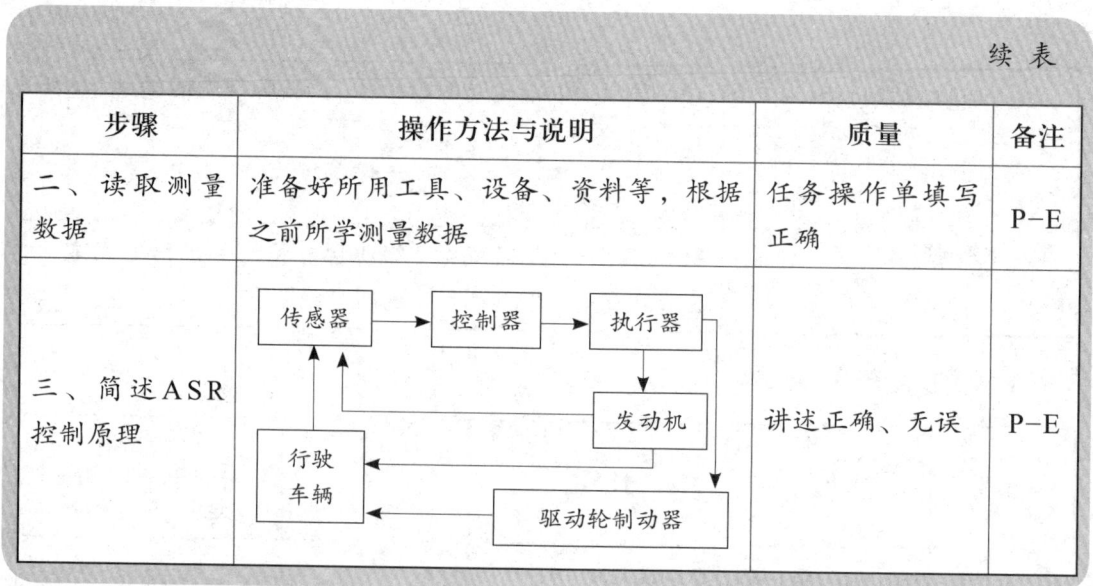	讲述正确、无误	P-E

三、学生工作页

学生工作页

1. 任务计划实施记录表

任务内容：各传感器零点标位	完成时间：	实训设备：整车
参考资料：		实训工具：

2. ASR系统数据流检测情况记录表

显示组	显示区	显示内容	是否符合要求	处理意见
	1		是□ 否□	
	2		是□ 否□	
	3		是□ 否□	

任务三 ESP系统检查与修理

一、教学设计

（一）任务描述

ESP（Electronic Stability Program）系统全称为电子控制车身稳定系统，它是在ABS的基础上添加了ASR驱动力防滑控制、EDS电子差速锁以及ESP电子控制车身稳定系统等一系列功能，从而大大提高了车辆行驶时的主动安全性。

ESP系统不同于ABS系统的一点是，ESP系统会主动干预驾驶员对车辆的操作，根据各个传感器参数和驾驶员的意图，从而获知并主动干预、修正车辆行驶时正确的运动轨迹。

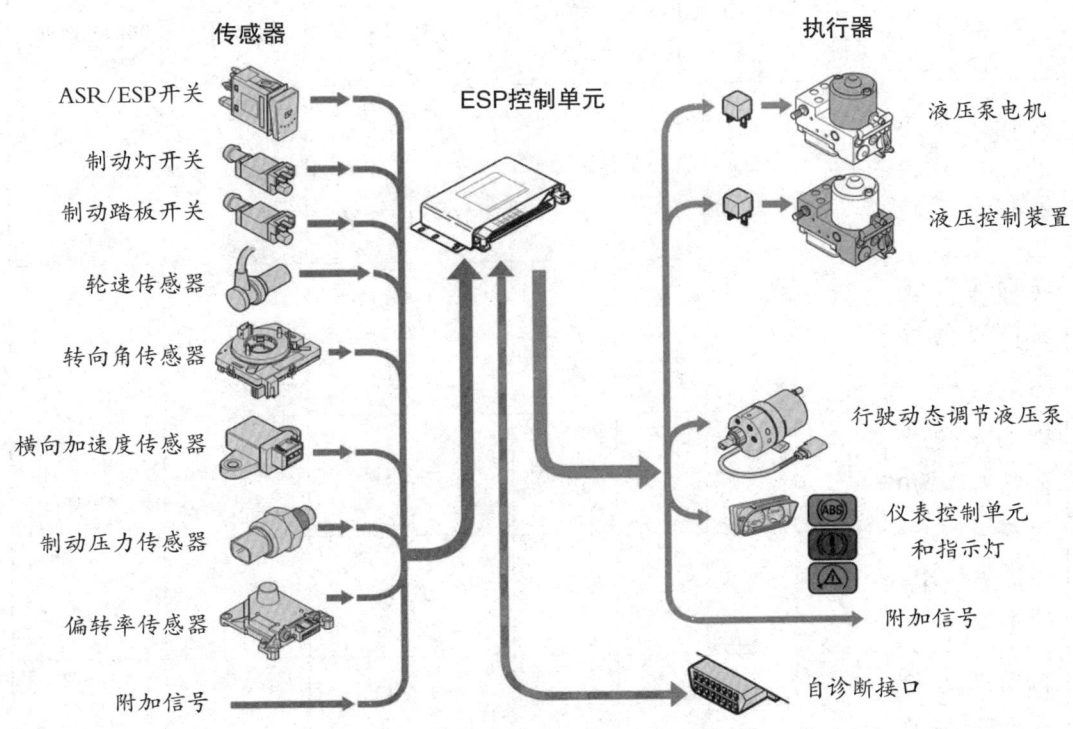

图4-3-1 ESP系统的基本组成

1. ESP系统各传感器安装位置记录表

元件名称	安装位置描述
ESP总成	
制动压力传感器	
ESP/ASR开关	
横向加速度和横向偏摆率传感器	
ASR/ESP指示灯	
ESP转向转角传感器	
诊断接口	

2. ESP各传感器检测记录表

检测项目	检测针脚	使用工具	选择量程	检测条件	规定值	实际值	处理意见
转向角传感器G85的供电电压					10～14.5 V		
					10～14.5 V		
转向角传感器G85的导线					>1.5 Ω		
					∞ Ω		
横向加速度传感器G200和摆动速率传感器G202的导线					>1.5 Ω		
					∞ Ω		
制动压力传感器G201的导线					>1.5 Ω		
					∞ Ω		

3. ESP系统各传感器的基本设定记录表

带有ESP系统的车辆，在更换控制单元后，必须对横向加速度传感器、转向角传感器、制动压力传感器进行零点标定；在更换某一传感器后，必须对该部件进行零点标定。

简单记录横向加速度传感器零点标定操作过程：

简单记录制动压力传感器零点标定操作过程：

（二）教学目标

1. 能说出ESP系统的基本组成和工作原理。
2. 能使用专用工具对ESP系统的诸多常见故障进行修理。

（三）教学资源

捷达王轿车一辆　大众专用工具　汽车维修通用工具　万用表

（四）教学组织

30人小班化教学。实操前分小组，每组6人，集体讨论确定组长及小组成员的任务分工。每组一台故障车辆进行上岗实操。

教师通过PPT多媒体教学课件展现课程任务，并全程负责监督指导。学生根据课程任务进行小组讨论，以"做中学"的方式，完成学生工作页填写。

操作员与其他成员互换角色，每人完成一次操作。最后小组讨论总结，组长汇报本组任务的完成情况和感受。

（五）教学过程

项目教学过程		学生学的活动	教师教的活动
阶段一 任务引入	任务描述	预习ESP系统的基本组成及功能	简要说明ESP系统在刹车制动时的作用
	知识准备	能阐述ESP系统的组成及各部分的功能	听学生阐述ESP系统的组成及各部分的功能
	任务定位	听教师讲解，了解ESP系统的基本组成及功能，按照教师的示范正确、规范完成ESP系统相关传感器测量	展示PPT，讲解ESP系统的基本组成及功能。课堂巡视学生对传感器的检测过程
阶段二 项目实施	步骤1 确定计划	观看PPT后，听教师讲解。小组内讨论确定任务实施方案及组长、成员分工情况	展示PPT，说明测量步骤，强调注意问题。了解各小组讨论情况，解答小组讨论中出现的问题。对各小组的任务实施方案及分工给予指导
	步骤2 学习ESP系统各元件功能	学习ESP系统各元件安装位置及功能，完成表格填写	了解各小组任务实施情况
	步骤3 检测ESP系统传感器	检测ESP系统各传感器	了解各小组任务实施情况，适时中断学生活动，强调拆解时务必按步骤进行
	步骤4 设定ESP系统传感器	对ESP系统各传感器进行基本设定	了解各小组任务实施情况，强调任务实施过程中注意操作规范，防止损坏传感器
阶段三 项目总结	展示与总体评价	各组长汇报检测结果	点评各组长汇报情况
	学习小结	积极汇报任务完成后的心理感受	组织同学主动汇报任务完成后的心理感受

（六）技能评价

序号	技能	评判结果	
		是	否
1	能使用专用工具对ESP系统的诸多常见故障进行修理		

二、任务操作单

项目操作单一

工作任务：检测ESP系统故障

安全及其他注意事项：按规定穿实训服，进入实训场地务必集中精神，不准说笑、打闹！正确使用拆装及测量工具，并注意妥善保管！对螺栓、螺母必须按规定预紧力、顺序和方法进行紧固！车辆启动前必须认真检查各部件是否安装正确，保证不能有短路现象发生！

步骤	操作方法与说明	质量	备注
一、对ESP系统零部件进行目视检查	找到ESP控制单元正确的安装位置（传感器：ASR/ESP开关、制动灯开关、制动踏板开关、轮速传感器、转向角传感器、横向加速度传感器、制动压力传感器、偏转率传感器、附加信号；ESP控制单元；执行器：液压泵电机、液压控制装置、行驶动态调节液压泵、仪表控制单元和指示灯、附加信号、自诊断接口）	安装位置描述准确	P-E
二、读取测量数据模块	准备好所用工具、设备、资料等，根据之前所学，测量、读取数据	学生工作页填写正确	P-E
三、查阅资料，找出故障码内容	查阅车辆维修手册，记录故障内容	学生工作页写正确	P-E

项目操作单二

工作任务： 检测ESP各传感器

安全及其他注意事项： 按规定穿实训服，进入实训场地务必集中精神，不准说笑、打闹！正确使用拆装及测量工具，并注意妥善保管！对螺栓、螺母必须按规定预紧力、顺序和方法进行紧固！车辆启动前必须认真检查各部件是否安装正确，保证不能有短路现象发生！

步骤	操作方法与说明	质量	备注
一、转向角度传感器	根据转向角度传感器电路图标明针脚定义，测量转向角度传感器G85的供电电压	针脚定义标注准确，电压测量无误	P-E
二、横向加速度传感器	根据横向加速度传感器电路图标明针脚定义，测量转向角度传感器G202的供电电压	针脚定义标注准确，电压测量无误	P-E
三、查阅资料找出故障码内容	根据制动压力传感器电路图标明针脚定义，测量转向角度传感器G201的导线电阻	针脚定义标注准确，电压测量无误	P-E

三、学生工作页

学生工作页 一

ESP系统各传感器安装位置记录表

元件名称	安装位置描述
ESP总成	
制动压力传感器	
ESP/ASR开关	
横向加速度和横向偏摆率传感器	
ASR/ESP指示灯	
ESP转向转角传感器	
诊断接口	

学生工作页 二

ESP各传感器检测记录

检测项目	检测针脚	使用工具	选择量程	检测条件	规定值	实际值	处理意见
转向角传感器G85的供电电压					10~14.5 V		
					10~14.5 V		
转向角传感器G85的导线					>1.5 Ω		
					∞ Ω		

续表

检测项目	检测针脚	使用工具	选择量程	检测条件	规定值	实际值	处理意见
横向加速度传感器G200和摆动速率传感器G202的导线					>1.5 Ω		
					∞ Ω		
制动压力传感器G201的导线					>1.5 Ω		
					∞ Ω		

任务四　EPB系统检查与修理

一、教学设计

（一）任务描述

EPB（Electrical Parking Brake）电子驻车制动系统用电子按键取代传统的手制动把

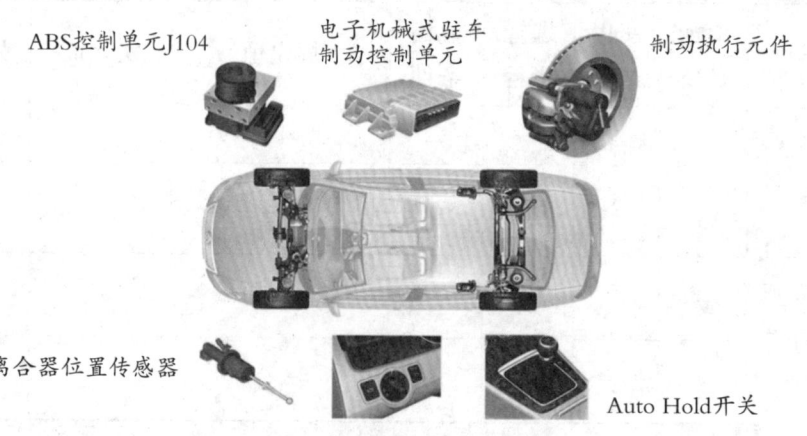

图4-4-1　EPB系统的基本组成

手，同时还具有自适应辅助启动和紧急制动的功能，使车辆的制动安全和操作进一步得到提高。EPB系统具有驻车制动功能、动态紧急制动功能、自适应辅助制动功能。

一辆2008款迈腾轿车，在更换刹车片时活塞无法复位，新刹车片无法装复，同时仪表盘上的指示灯点亮。

1. 利用诊断仪KT600对电子驻车制动系统进行故障码读取结果记录表

车型			
控制单元版本号			
有无故障码	有□ / 无□		
故障码编号	故障内容	故障码编号	故障内容

2. 传统手刹车和电子机械制动的比较

	传统手刹车	电子驻车制动
操作	拉起手制动手柄	
释放	松开手制动手柄	
坡路起步	手刹车、加速踏板和离合器踏板的复杂配合	
停车	持续的施加手制动或脚制动	当激活"Auto Hold"功能后车辆每次停止后自动停稳

（二）教学目标

1. 能在操作车辆上找到EPB系统的各元件安装位置，并说明其功能。
2. 能使用专用工具对EPB系统进行电气检测。

（三）教学资源

2008款迈腾轿车　大众汽车专用拆装工具　汽车维修通用工具

（四）教学组织

30人小班化教学。实操前分小组，每组6人，集体讨论确定组长及小组成员的任务分工。每组一台故障车辆进行上岗实操。

教师通过PPT多媒体教学课件展现课程任务，并全程负责监督指导。学生根据课程任务进行小组讨论，以"做中学"的方式，完成学生工作页的填写。

操作员与其他成员互换角色，每人完成一次操作。最后小组讨论总结，组长汇报本组任务的完成情况和感受。

（五）教学过程

项目教学过程		学生学的活动	教师教的活动
阶段一 任务引入	任务描述	预习EPB系统的工作原理	说明本次任务操作较简单，以记忆为主，但务必按照操作规范作业
	知识准备	能阐述EPB系统工作原理	检查学生对EPB系统工作原理的掌握情况
	任务定位	听教师讲解，了解EPB系统元件安装位置，按照教师示范正确、规范完成EPB系统的电气检测任务	展示PPT，讲解EPB系统元件安装位置，课堂巡视学生对传感器的检测过程
阶段二 项目实施	步骤1 确定方案及成员分工	听完教师讲解后，小组内讨论确定任务实施方案及组长、成员分工情况	展示PPT，说明测量步骤，强调注意问题。了解各小组的讨论情况，解答小组讨论中出现的问题。对各小组的任务实施方案及分工给予指导
	步骤2 小组讨论	分组讨论传统手刹与EPB系统的区别	了解各小组任务实施情况，适时中断学生活动，解答小组讨论中出现的问题
阶段三 项目总结	展示与总体评价	各组长汇报小组任务完成情况及结果	点评各组长汇报情况
	学习小结	总结传统手刹与EPB系统的区别	组织同学主动发言并总结

(六)技能评价

序号	技能	评判结果	
		是	否
1	能使用专用工具对EPB系统进行电气检测		
2	养成规范的操作习惯		

二、任务操作单

项目操作单

工作任务：检测EPB系统故障

安全及其他注意事项：按规定穿实训服，进入实训场地务必集中精神，不准说笑、打闹！正确使用拆装及测量工具，并注意妥善保管！对螺栓、螺母必须按规定预紧力、顺序和方法进行紧固！车辆启动前必须认真检查各部件是否安装正确，保证不能有短路现象发生！

步骤	操作方法与说明	质量	备注
一、对EPB系统进行诊断	利用诊断仪对电子驻车制动系统进行故障码的读取和清除，并记录故障内容	故障内容记录全面，准确	P-E
二、更换后轮刹车片	根据操作步骤更换后轮刹车片 1. 拆卸后轮轮胎 2. 确定后轮刹车分泵及分泵支架 3. 卸刹车分泵固定螺栓（2个先卸下再卸上） 4. 取下旧刹车片，更换新刹车片 5. 复位旋进式活塞 刹车盘　　制动活塞　压力螺母	操作规范并更换成功	P-D

三、学生工作页

学生工作页

1. 利用诊断仪KT600对电子驻车制动系统进行故障码读取结果记录表

车型			
控制单元版本号			
有无故障码	有□ / 无□		
故障码编号	故障内容	故障码编号	故障内容

2. 传统手刹车和电子机械制动的比较

	传统手刹车	电子驻车制动
操作	拉起手制动手柄	
释放	松开手制动手柄	
坡路起步	手刹车、加速踏板和离合器踏板的复杂配合	
停车	持续的施加手制动或脚制动	当激活"Auto Hold"功能后车辆每次停止后自动停稳

《汽车底盘电控系统构造与维修》课程标准

一、前言

（一）课程定位

本课程是中等职业学校汽车运用与维修专业汽车机电维修方向的一门专业技能课程。本课程旨在让学生了解汽车底盘电控系统的总体结构、掌握汽车机电维修的基本思路及方法，从而提高学生实际应用能力，以适应未来汽车岗位工作需求。

本课程应在《汽车电器设备构造与维修》之后，与《汽车底盘构造与维修》同时开设，以强化学生对汽车底盘系统的整体认识。

（二）设计思路

汽车底盘电控是现代汽车控制系统的重要组成部分，直接关系到汽车驾驶的舒适性、安全性、可靠性，且本课程在学生的职业能力培养和职业素质养成方面占有重要地位，因此，本课程是汽车检测与维修等专业面向汽车售后服务岗位时应掌握的一门专业核心课程。

本课程以汽车底盘电控控制系统的诊断与检修工作过程为主线，目的是培养学生的专业能力、方法能力和社会能力，使学生获得未来工作所必需的综合职业能力。立足于这一出发点，本课程结合中职学生的学习能力水平与汽车机电维修工的职业能力要求，基于工作过程的递进制定了三条课程目标。这三条目标分别涉及到客户接待，汽车检测、维修及复检等所需的综合职业能力的培养。教材编写、教师授课、教学评价都应依据这一目标定位进行。

依据上述课程目标定位，本课程从工作任务、技能要求、知识要求与项目质量标准四个维度对课程内容进行规划与设计，以使课程内容更好地与汽车机电维修岗位相结合。本课程共划分了电控悬架系统、电控转向助力系统、自动变速箱系统、电控制动系统四大工作任务。其中，知识与技能内容依据工作任务完成的需要进行确定，在对知识与技能的描述上力求详细与准确。技能及其学习要求采取了"能做……"的形式进行描述；知识及其学习要求则采取了"能说出……"和"能理解……"的形式进行描述，即区分了两个学习层次："说出"，指学生能熟练识记知识点；"理解"，指学生把握知识点的内在联系。

本课程采用"理论—实践"一体化教学模式，以汽车底盘电控系统的诊断与检修工作过程为主线，通过创设学习情境、设计工作任务、构建仿真或真实的学习场景，让典型的工作任务中所涉及的工作内容、工作流程、工作环境、工作评价融入到实践操作中，让学生在职业行动中建构知识并锻炼专业技能。

本门课程的参考学时数为64学时，实训课时为48课时。

二、课程目标

1. 能熟练使用检测设备，根据车辆维修手册判定车辆技术状况后，结合客户需求制定维修计划。

2. 能规范操作，运用汽车底盘电控系统故障诊断方法判断故障位置，合理选择工具，更换故障部件或总成。

3. 能按照操作规范和服务要求，合理选用检测工具进行检测，确保排除故障并让客户满意。

三、内容和要求

工作任务	技能要求	学习水平			知识要求	学习水平			项目	项目质量标准
		基本	熟练	强化		基本	熟练	强化		
任务一 电子控制悬架系统检查与修理	能找到电控空气悬架系统各元件安装位置	√			能说出电控空气悬架系统各元件的功能		√		奔驰S500轿车高度控制阀故障，造成电控悬架系统故障指示灯亮起	高度控制阀成功更换并正常工作
	能对电控空气悬架系统进行自诊断和电气诊断，并读取故障码		√		能说出电控空气悬架的工作原理		√			

续表

工作任务	技能要求	学习水平			知识要求	学习水平			项目	项目质量标准
		基本	熟练	强化		基本	熟练	强化		
任务二 电子控制转向助力系统查与修理	能找到电子控制转向助力系统各元件的安装位置	√			能说明电控转向助力系统各元件的功能	√			一上海大众POLO汽车因转向角传感器故障造成转向助力系统故障指示灯亮	转向角传感器成功更换并正常工作,故障指示灯熄灭
	能对电控液压、机械转向助力系统进行基本设定		√		能说出液压、机械转向助力系统基本设定的步骤		√			
任务三 自动变速器系统常见故障检查与修理	能在操作车辆上找到自动变速器各个电气元件的位置	√			能说出自动变速器各电气元件的功能		√		一辆宝来自动挡轿车仪表盘上挡位指示灯亮起,且起步困难,入挡冲击明显,油耗增大。分别对车辆进行自诊断、读取故障码、检查转速传感器、检查电磁阀并清洗阀体	转速传感器及电磁阀成功更换并正常工作,阀体清洗干净,故障指示灯熄灭
	能区分变速器行星齿轮的不同类型	√			能说出变速器不同型星齿轮的特点		√			
	能对自动变速器系统的典型故障进行检测、判断及修理			√	能说出自动变速器系统检测判断方法		√			

· 89 ·

续表

工作任务	技能要求	学习水平 基本	学习水平 熟练	学习水平 强化	知识要求	学习水平 基本	学习水平 熟练	学习水平 强化	项目	项目质量标准
任务四 电子控制制动系统的检查与修理	能正确使用诊断工具，根据维修手册对电控制动系统进行诊断，判断电路故障		√		能说出电控制动系统的诊断方法		√		一辆捷达王轿车因液压单元中电磁阀故障造成ABS故障灯报警，更换损坏电磁阀，使故障指示灯熄灭	ABS故障指示灯熄灭
	能准确检查、判断电控制动系统传感器的好坏，并排除故障		√		能说出电控制动系统传感器的原理及功能		√			
	能向客户解释ABS、ASR、ESP、EPB、EDS等电控制动辅助系统的功能		√		能说出ABS、ASR、ESP、EPB、EDS等电控制动辅助系统的功能		√			

四、实施建议

（一）教材编写

1. 以课程标准为依据选择内容，进行教材编写，本课程教材编写应打破传统的学科式内容体系，构建以任务引领、职业能力培养以及职业标准为依据的课程内容体系。

2. 教材以汽车维修企业常见保养作业项目为依据，分解成若干典型项目，引入所必须的理论知识，增加实践操作内容，强调理论与实践结合的重要性。教材应充分体现任务引领、理实一体、工学交替的设计思想。

3. 教材内容应凸显实践性、应用性和层次性，强调与岗位业务相吻合的特征，并使学生易学、易懂、易接受；同时要具有前瞻性，应纳入本专业领域的发展趋势及汽车运用与维修的新知识、新技术和新方法。

4. 教材应以学生为本，图文并茂，结合典型案例，表达必须精练、准确、科学，随同教材配备电子教案、多媒体教学课件，应引起学生的兴趣，重在提高学生学习的主动性和积极性。

5. 教材中要有体现项目工作过程的工作任务表、项目工作页、项目技术要求及评价表、故障排除流程图、维修过程记录表等表单。

（二）教学建议

1. 在教学过程中，以学生为中心，充分利用多媒体课件、微课、习题册、实训指导手册、保养手册等资源，采用"理论—实践"一体化教学、案例教学、项目教学等适当的教学方法，在做中学，在做中教，增强学生适应企业实际工作和解决综合问题的能力。

2. 本课程的教学关键是现场教学。实操应以典型车型为载体，做到教师示范与学生分组讨论、训练相结合，学生提问与教师解答、指导相结合，达到学中做、做中学的目的。

3. 在教学过程中，结合职业技能证书的考试，创设工作情景，加强技能实践训练，积极让学生到企业实训，提高岗位适应能力。

4. 在教学过程中，重视本专业领域新技术、新工艺、新材料发展趋势，贴近企业，努力培养学生参与实践的职业能力。

5. 教学过程中，积极引导学生提高与客户针对汽车保养作业进行沟通与协商的能力。提升职业素养，提高职业道德。

（三）课程资源

1. 注重课程资源和现代化教学资源的开发和应用。如多媒体电子白板的应用，有利于创设形象生动的学习环境、工作情景；同时建立多媒体课程资源的数据库，提高课程资源利用效率。

2. 注重微课资源的利用，通过录制微课，让学生能够在课下进行自学。

3. 积极开发网络课程资源，充分利用网络、教育网站等信息资源，使教学活动从信息的单向传递向双向交换转变。

4. 工学结合开发实训课程资源，利用校内外实训基地，实践工学交替，满足学生实习、实训的需求，锻炼学生动手能力，为学生未来就业奠定基础。

5. 建立汽车维护与保养实训中心，使之具备职业技能证书考证、实验实训、现场教学的功能，将教学与培训合一，教学与实训合一，满足学生综合职业能力培养的要求。

（四）教学评价

1. 改革传统的学生评价手段和方法。采用阶段性评价、过程性评价与项目评价相结合，项目评价、理论与实践一体化评价模式。

2. 关注评价的多元性。实行课堂综合表现评价、作业评价、学习效果课堂展示、综合笔试等理论考试、过程性评价和成果考核相结合的实训考核，及与日常操行表现评价相结合的评价方式，以利于学生综合职业能力的发展。

3. 应注重对学生综合能力的评价。加强对学生动手能力和在实践中分析问题、解决问题能力的考核，对在学习和应用上有创新的学生应特别给予鼓励。

4. 要根据课程的特点，注重评价内容的整体性。既要关注学生对知识的理解、技能的掌握和能力的提高，又要关注学生规范操作、安全操作的良好习惯养成以及爱护设备、节约能源、保护环境等意识与观念的形成。

五、其他说明

本课程教学标准适用于中职院校汽车运用与维修专业。

项目整体教学设计

一、设计说明

本课程根据国家职业教育教学模式要求、以面向工作过程的学习领域为基础组织内容,以约束教师完全按照项目教学法在真实工作环境下的工作流程为导向,突出"三分理论,七分实践"的课时比例,在学理论、学规范、练技能的"两学一练"中掌握底盘电控系统故障检测与维修技能,养成良好的职业道德和规范操作习惯,以满足未来汽车后市场对高素质技能型人才的需求。

二、项目(单元)一览表

工作任务	子任务	项目	子任务课时	项目课时
任务一 电子控制悬架系统检查与修理	子任务1 检修车身高度传感器	奔驰S500轿车电控空气悬架系统故障检修	4	8
	子任务2 检修车身高度控制阀		4	
任务二 电子控制转向助力系统查与修理	子任务1 诊断仪KT600读取故障码和数据流	上海大众POLO汽车电控转向助力系统故障检修	6	12
	子任务2 对电控转向助力系统进行基本设定		6	

续表

工作任务	子任务	项目	子任务课时	项目课时
任务三 自动变速器系统常见故障检查与修理	子任务1 检查发动机怠速及自动变速器油	宝来自动挡轿车自动变速器系统故障检修	4	26
	子任务2 自动变速器电气元件检查与修理		8	
	子任务3 自动变速器机械元件检查与修理		6	
	子任务4 自动变速器液压元件检查与修理		8	
任务四 电子控制制动系统的检查与修理	子任务1 ABS系统检查与修理	捷达王轿车ABS系统检查与修理	8	18
	子任务2 ASR系统检查与修理	读取大众帕萨特ASR系统数据块	2	
	子任务3 ESP系统检查与修理	读取大众帕萨特ESP系统数据块	2	
	子任务4 EPB系统检查与修理	08款迈腾轿车EPB系统检查与修理	6	